高等院校"十四五"经济管理类规划教材

ERP沙盘模拟实训教程

（第四版）

主 编／刘 勇

副主编／韩晓红 蒋红兰 吕虹云 张 惠 肖 静

参 编／翁群英 任海英 周中林 张 帆 胡 萍
　　　　冯 娜 李楠楠 李志刚 张惠琴 党庆忠

ERP SIMULATION
EXPERIENCE TUTORIALS
（THE FOURTH EDITION）

四川省高等教育人才培养质量和教学改革项目（JG2021-739）资助

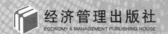

经济管理出版社
ECONOMY & MANAGEMENT PUBLISHING HOUSE

图书在版编目（CIP）数据

ERP 沙盘模拟实训教程 / 刘勇主编；韩晓红等副主编 . — 4 版 . — 北京：经济管理出版社，2023.5
ISBN 978-7-5096-9026-0

Ⅰ . ① E… Ⅱ .①刘… ②韩… Ⅲ .①企业管理—计算机管理系统—教材 Ⅳ .① F272.7

中国国家版本馆 CIP 数据核字（2023）第 085885 号

组稿编辑：王光艳
责任编辑：李红贤
责任印制：黄章平
责任校对：胡莹莹

出版发行：经济管理出版社
　　　　　（北京市海淀区北蜂窝 8 号中雅大厦 A 座 11 层　100038）
网　　　址：www.E-mp.com.cn
电　　　话：（010）51915602
印　　　刷：北京市海淀区唐家岭福利印刷厂
经　　　销：新华书店
开　　　本：787mm×1092mm/16
印　　　张：13.25
字　　　数：282 千字
版　　　次：2023 年 6 月第 4 版　2023 年 6 月第 1 次印刷
书　　　号：ISBN 978-7-5096-9026-0
定　　　价：58.00 元

　　ERP 沙盘模拟实训课程是一种体验式的互动学习课程。与一般的以理论和案例为主的管理课程不同，它涉及整体战略、产品研发、设备投资改造、生产能力规划、物料需求计划、资金需求计划、市场与销售、财务经济指标分析、团队沟通与建设等多方面的内容。企业结构和管理操作全部展示在模拟沙盘上，每位学生都能直接参与模拟企业运作，体验复杂、抽象的经营管理理论。

　　沙盘模拟实例课程有如下特点：①体验式教学，改变传统的人才培养模式；②教学内容综合化，促使学生全面灵活运用所学知识；③教学主体多元化，培养学生团队协作精神；④教学方法多元化，调动学生的学习积极性和激发学生的学习潜能；⑤设置"游戏规则"，培养学生"诚信经营"的理念；⑥设置职业岗位，引起学生对职业定位的思考。

　　本书主体部分主要包括 ERP 沙盘模拟介绍、模拟企业概况、模拟运营规则、模拟运营实战、企业经营管理分析、ERP 沙盘实战案例分析、电子分析系统介绍等内容；附录主要介绍了企业运营过程记录表及财务报表、竞标投入单、公司贷款申请表、生产计划及采购计划单、实训报告样本。

　　本书具有以下特点：

　　首先，本书系统性强。在章节内容安排上，本书遵循沙盘教学的一般规律，紧贴沙盘教学内容，跟随沙盘课程"导入—操作—分析/点评—总结"的教学过程。

　　其次，本书实用性强。本书汇集了成都理工大学、绵阳师范学院、西南科技大学、四川师范大学、攀枝花学院、电子科技大学成都学院等高校教师多年 ERP 沙盘模拟教学经验，既可以作为学习企业经营管理知识用书，又可以作为实训操作手册。

　　最后，本书章节结构设置合理。每章内容由"本章学习目标""正文""本章小结""复习思考题""案例分析"组成。"本章学习目标"让学生明确通过本章的学习应该达到的目标；"本章小结"让学生对本章内容有整体掌握；"复习思考题"和"案例分析"引导学生讨论和思考，以帮助学生巩固所学知识点，提高学生分析和解决实际问题的能力。

　　本书既可作为经济管理类专业本（专）科生、MBA 教学使用教材，也可以作为企业岗位培训用书。

本书由刘勇（成都理工大学）担任主编，韩晓红（成都理工大学）、蒋红兰（绵阳师范大学）、吕虹云（电子科技大学成都学院）、张惠（成都理工大学）、肖静（绵阳师范学院）担任副主编。全书由刘勇总纂、统稿，并和吕虹云编写了第五章；党庆忠（成都理工大学）、张惠、张惠琴（成都理工大学）编写了第一章；翁群英（成都理工大学）、李志刚（成都理工大学）、肖静编写了第二章；周中林（西南科技大学）、张惠编写了第三章；任海英（绵阳师范学院）、蒋红兰、韩晓红、吕虹云编写了第四章；张帆（攀枝花学院）、张惠编写了第六章；胡萍（四川师范大学）、蒋红兰、冯娜（金蝶精一信息科技服务有限公司）、吕虹云编写了第七章；刘勇、李楠楠（四川铁道职业学院）编写了实训操作手册。

在第三版中，我们根据金蝶 ERP 沙盘及电子分析系统的最新教学资料和读者反馈做了较大的修订。①修订了第二章中初始年的财务报表、盘面摆放等相关内容；②修订了第四章中年初计划、季度运营、年末财务报表等相关内容；③修订了第五章中企业营销管理、生产管理和盈利能力及财务分析各个指标数据等相关内容；④修订了第七章中金蝶电子分析系统设置与操作相关内容。

在第四版中，我们为每一章增加了案例分析，融入了相应的思政元素。

在编写过程中，我们引用、参考了大量文献，并得到了金蝶精一信息科技服务有限公司傅仕伟、徐义和经济管理出版社的大力支持和帮助，王璞、彭蓉和肖云为本教材整理了案例数据。在此，向所有被引用文献的著作者、向给予我们指导和帮助的专家学者表示诚挚的谢意。

由于作者水平所限，书中难免有缺陷和疏漏之处，恳请专家、读者批评指正。读者可以通过邮件（523849711@qq.com）与我们交流、获取配套教案资料。

编　者

2022 年 9 月于成都理工大学

目录

ERP 沙盘模拟介绍

1. 了解生产管理的相关知识。
2. 了解 ERP 的基本原理和管理思想，理解主生产计划和物料需求计划。
3. 了解 ERP 沙盘盘面，理解 ERP 沙盘的学习目标。
4. 了解课程教学设计。

一、生产管理简介

（一）生产管理概述

生产管理是对企业生产系统的设置和运行的各项管理工作的总称，它是企业管理的重要内容。生产管理是根据企业在一定时期内的经营战略与目标，按照制订的生产计划和任务组织生产活动，并对活动过程进行控制和管理，以求达到企业的经营目标。

生产管理的主要工作有：生产准备工作、生产计划工作和生产控制工作。生产准备工作包括选择厂址、布置工厂、组织生产线、实行劳动定额和设置生产管理系统等。生产计划工作包括编制生产计划、生产技术准备计划和作业计划等。生产控制工作包括生产进度控制、生产库存控制、生产质量控制、生产安全控制和生产成本控制等。生产管理的主要工作内容如图 1–1 所示。

生产管理的主要任务：通过生产准备工作，按照企业目标的要求，设置技术上可行、经济上合理、物质技术条件和环境条件允许的生产系统；通过生产计划工作，制订生产系统优化运行的方案；通过生产控制工作，及时有效地调节企业生产过程内外的各种关系，使生产系统的运行符合既定生产计划的要求，实现预期生产的品种、质量、产量、

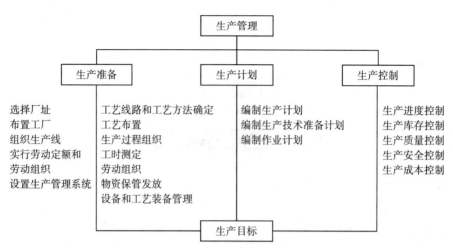

图 1-1　生产管理的主要工作内容

出产期限和生产成本的目标。

从生产管理的范畴来看，可以分为狭义的和广义的生产管理。狭义的生产管理是指对生产系统运行的管理，对生产系统内部的管理，也就是在一个开发、设计好的生产系统内，对开发、设计好的产品生产过程进行计划、组织、指挥、协调和控制等。而广义的生产管理是对生产系统设置和运行的管理，生产管理延伸到了产品的研发和生产系统的选择、设计中。这是企业更有效地控制生产系统运行、最大限度地满足市场需求情况下的必然选择。

从生产要素来看，企业的生产活动过程就是将生产要素变换为产品的过程。企业的生产要素包括人力、物料、设备、资金、信息、技术等，生产管理也就是对这些生产要素进行管理，并进行有效的开发和利用。

从与生产管理相关的活动来看，生产管理与订单管理、生产计划管理、物料需求计划管理、采购计划管理、生产投产管理、材料管理、半成品管理、生产过程管理、外协管理、产品入库管理等密切相关，高效的生产管理必然是这些经营管理活动的高度统一与和谐的结果。

企业经营管理的基本流程如图 1-2 所示。整个流程中有三条线：一是从客户需求产生的销售订单到向供应商发出的物料需求采购订货，这条线是计划的形成和管理过程；二是从采购物料入库到产品交付客户，这条线是生产经营业务的执行过程；三是产品研发过程。

企业在经营管理中的各个环节都与财务系统有密切联系，当向客户发出产品时会产生应收账款，当收取供应商的物料时会产生应付账款，而在产品的加工过程中会产生人工费用等。

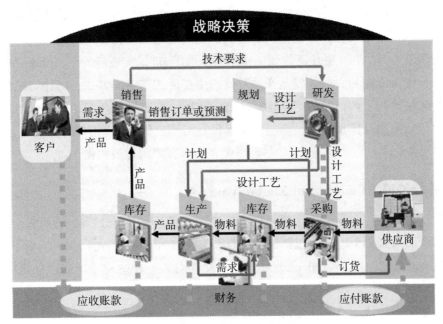

图 1-2 企业经营管理的基本流程

（二）现代生产管理思想

要高效、流畅地实现图 1-2 所示的流程，必须在管理中运用一些现代管理思想，如准时制生产、精益生产、并行工程、敏捷制造等。

1. 准时制生产（Just in Time，JIT）

准时制生产是一种在正确时间、正确地点干正确的事情，以期达到零库存、无缺陷、低成本的理想生产模式。JIT 是一种"拉"式生产管理模式，最终目标是 6 个"零"和 1 个"一"：零缺陷、零储备、零库存、零搬运、零故障停机、零提前期和批量为一。JIT 中采用的主要手段是适时适量地生产、弹性配置作业人数及保证质量。"市场需要什么型号的产品，就生产什么型号的产品；能销售出去多少，就生产多少；什么时候需要，就什么时候生产。"JIT 要求精简产品结构，简化与改进制造与管理过程，消除一切浪费。对某一零件的加工在数量与完成时间上的要求，是由下一道工序状况决定的，若下道工序拥挤阻塞，上道工序就应减慢或停止。在生产企业中，这些信息显示在看板上（相当于张贴栏），通过看板管理，可以制止过量生产，消除制品过量造成的浪费，同时消除由之衍生的种种间接浪费。

2. 精益生产（Lean Production，LP）

精益生产是一种通过尽善尽美的生产方式达到高效益的生产模式。LP 工厂追求的目标是尽善尽美、精益求精，实现无库存、无废品、低成本的生产。在 LP 中，凡是不能在生产中增值的资本都要去掉，包括人、时间、空间、财力、物资等。精益生产模式的特点是：强调以人为中心，责任下放到工作小组；采用 JIT，实现高效率、低库存的多品种混合生产；团队工作和并行开发是产品开发的主要形式与工作方式；简化组织机构，简化组织管理层次和手续，简化产品检验环节，精简一切不增值环节，简化一切过程；强调一体化的质量保证体系，全员参与质量保证；与用户保持长期的密切联系，为用户提供良好的服务；不断改进"修炼"，尽善尽美，追求客户满意最大化。

3. 并行工程（Concurrent Engineering，CE）

并行工程是一种企业全局管理和集成模式。按照美国国防分析研究所的定义，并行工程是对产品及其相关过程（包括制造过程和支持过程）进行并行、一体化设计的一种系统化的工作模式。这种工作模式力图使开发者们从一开始就考虑到产品全生命周期（从概念形成到产品报废）中的所有因素，包括质量、成本、进度和用户需求。CE 将企业中复杂的工程设计、制造和经营管理过程中的各种作业，按最终目标在时间和空间上并行交互进行，从而达到缩短传统串行作业方式所需的时间、减少反复修改的次数、大幅度提高作业质量、加快进程、降低成本的目的。在 CE 中，应用系统工程中的分解与协调的理论与方法，将原系统变换成具有集结层与协调层两个层次的等价系统。集结层把复杂过程变换成相对独立的子系统；协调层则协调各子系统快速、独立、并行而又有序地工作。集结层的并行、快速而有序的工作，是靠协调层的串行、交互式的多学科协同小组科学而有效的工作来保证的。CE 成功的关键是协调层中多学科协同小组工作的科学性与有效性。CE 的目标是牺牲空间赢得时间，串行工程是牺牲时间赢得空间，两者的正确结合使复杂的制造过程快速、无反复地一次成功。

4. 敏捷制造（Agile Manufacturing，AM）

敏捷制造是面向用户不断变更的个性化需求，完全按订单生产的可重新设计、重新组合、连续更换的新的信息密集的制造系统。这种系统对用户需求的变更有敏捷的响应能力，并且在产品的整个生命周期内使用户满意。生产系统的敏捷性是通过将技术、管理和人这三种资源集成为一个协调的、相互关联的系统来实现的。敏捷制造系统的主要特点是：以强大的信息交换能力为基础的虚拟公司成为经营实体的主要组织形式；模块化、兼容式的组织机构和生产设施使得企业在组织和技术上具有很强的灵活性和应变能力，可以根据需求的变更进行重新组合；紧密合作的供应者、生产者与买主之间形成联合网络；销售信息和用户使用信息可通过信息网络直接反馈到生产决策过程中；并行工程和多功能项目组是产品开发的主要方式与组织形式；把知识、技术和信息作为最重要的财富，发挥人的创造性。

二、ERP 简介

（一）ERP 概述

企业资源是指支持企业业务运作和战略运作的事物，也就是"人""财""物"和"信息"。企业资源计划（Enterprise Resources Planning，ERP）是一个有效地组织、计划和实施企业的"人""财""物"和"信息"管理的系统，它依靠信息技术和手段以保证其信息的集成性、实时性和统一性。

ERP 是一个复杂的管理信息系统，更是一种管理思想，是面向供应链的管理思想。ERP 将企业的业务流程看作一个紧密连接的供应链，将企业内部划分成几个相互协同作业的支持子系统，如财务、市场营销、生产制造、质量控制、服务维护、工程技术等。ERP 的核心思想就是实现企业整个供应链的有效管理。在 ERP 系统中，不仅体现了企业对供应链资源进行有效管理的思想，还体现了精益生产、并行工程、敏捷制造、事先计划与事中控制的思想。

企业的生产经营过程也是对企业资源的管理过程。ERP 的实质就是如何在资源有限的情况下，合理组织生产经营活动，降低经营成本，提高经营效率，提升竞争能力，力求做到利润最大化。

（二）ERP 中生产管理的内容和流程

对于生产企业来说，生产管理是企业管理的一项重点工作，ERP 软件理所当然地应该解决生产管理问题。以金蝶 ERP 软件 K3 为例，K3 中将与生产管理相关的工作划分为计划管理、业务执行和财务核算三个部分，涉及的内容如图 1-3 所示。其中，计划管理部分的主要内容有主生产计划、物料需求计划和粗 / 细能力计划。业务执行部分涉及面较大，不仅包括生产管理中的生产任务管理、委外加工管理和车间作业管理，还包括供应链中的销售管理、仓储管理和采购管理。而财务核算部分是与企业经营管理中的各个环节紧密联系在一起的，涉及应收账款、应付账款、成本核算等管理模块。

在 ERP 的生产管理模块中，主生产计划（Master Production Schedule，MPS）及物料需求计划（Material Requirement Planning，MRP）是 ERP 管理软件的核心，也是 ERP 软件实现生产管理与控制的两个主要功能模块。通过 MPS/MRP 系统可以将企业外部销售市场对企业的销售需求转化为企业内部的生产需求和采购需求，将销售计划转化为生产计划和采购计划，这一系列计划的形成和转化过程就构成了企业生产的管理流程，其过程如图 1-4 所示。

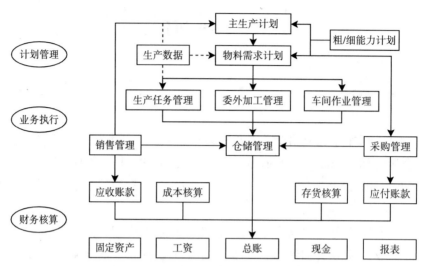

图 1-3 K3 中与生产管理相关的工作内容

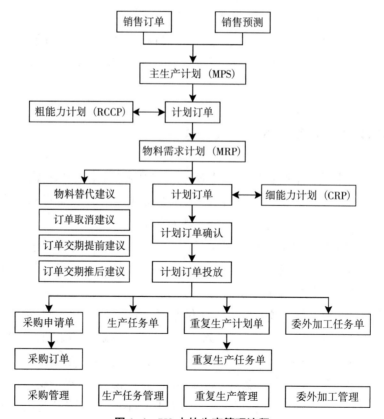

图 1-4 K3 中的生产管理流程

（三）ERP 的计划管理

在 ERP 的计划管理中，主生产计划、物料需求计划、粗能力计划、细能力计划是重点内容。下面结合案例介绍主生产计划和物料需求计划。

1. 主生产计划

主生产计划是确定每一具体的最终产品在每一具体时间段内生产数量的计划，用于说明在可用资源条件下，企业在一定时间内生产什么、生产多少、什么时间生产。MPS 计算的需求来源有两个，一个是产品预测，另一个是销售订单。产品预测是指企业为了满足市场和销售需要，根据企业的历史生产数据和市场、销售预测等资料，制订在未来一段时间内需要安排生产什么、生产多少、什么时候生产等的一种生产计划，它的主要作用在于指导生产部门进行生产准备、生产，或采购部门进行采购，相当于企业的周、月或季生产计划。销售订单是指企业同客户签订的在未来指定时间交付产品的契约。对于企业而言，必须在指定时间交货，否则要承担违约责任。所以，在进行 MPS 运算时，产品预测和销售订单是重要的计算毛需求的依据。表 1–1 给出了一个简单的主生产计划的计算过程。

表 1–1　一个简单的主生产计划（MPS）计算

物料名称：Crystal		提前期：1Q		现有库存量：8		批量：3
时段	当期	1	2	3	4	5
预测量		5	5	5	5	5
合同量		12	8	2	2	9
毛需求		12	8	5	5	9
预计库存量	8	2	0	1	2	2
净需求		4	6	5	4	7
计划产出量		6	6	6	6	9
计划投入量	6	6	6	6	9	

2. 物料需求计划

物料需求计划是指根据产品结构各层次物品的从属和数量关系，以每个物品为计划对象、以完工时期为时间基准倒排计划，按提前期长短区别各个物品下达计划时间的先后顺序。MRP 根据 MPS 确定有关的每一库存项目的净需求和为满足这些净需求所需的库存储备。需求及库存数字是按时间分段的，不仅要指出数量，还要指出相应的时间。

MRP 要处理的问题与所需信息如表 1–2 所示。

表 1-2 　MRP 要处理的问题与所需信息

处理的问题	所需信息
1. 生产什么、生产多少、何时生产	1. 现实、有效、可信的 MPS
2. 要用到什么	2. 准确的物料清单（BOM）、及时的设计更改通知
3. 已有多少	3. 准确的库存信息
已订货量、到货时间	下达订单跟踪信息
已分配量	配套领料单、提货单
4. 还缺什么	4. 批量规则、安全库存、成品率
5. 下达订单的开始日期	5. 提前期

现以一个简化的 MRP 运算为例：产品 Crystal 的物料清单如图 1-5 所示。假设当前 Crystal 的库存量为 0，Beryl 的库存量也为 0，M1 的库存量为 5，如果要在第 4 期和第 5 期分别生产出 6 个 Crystal 和 11 个 Crystal，其生产计划和采购计划的推算过程如图 1-6 所示。

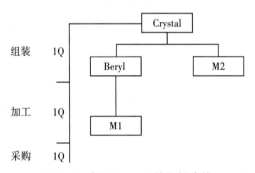

组装　1Q

加工　1Q

采购　1Q

图 1-5 　产品 Crystal 的物料清单

Crystal
提前期：1
批量：1
现有量：0

Beryl
提前期：1
批量：1
现有量：0

M1
提前期：1
批量：10
现有量：5

生产计划

时段	当期	1	2	3	4	5
计划产出量					6	11
计划投入量				6	11	

时段	当期	1	2	3	4	5
计划产出量				6	11	
计划投入量			6	11		

采购计划

时段	当期	1	2	3	4	5
毛需求			6	11		
库存量	5	5	9	8		
净需求			1	2		
订单下达		10	10			

图 1-6 　简化的 MRP 运算

三、ERP 沙盘模拟简介

（一）ERP 沙盘模拟概述

沙盘英文名为 Sandbox，也叫沙箱，可以将其看作一种容器，里面所做的一切都可以推倒重来。读者熟悉的沙盘有军事指挥沙盘和居民小区规划布局沙盘。军事指挥沙盘清晰地模拟了真实的地形、地貌或格局，不必亲临现场也能对所关注的对象了然于胸。军事沙盘推演跨越了通过实兵军演检验的巨大成本障碍和时空限制，在重大战争战役中得到普遍运用。ERP 沙盘模拟就是由军事沙盘推演而来的。

可以将 ERP 沙盘看作 ERP 课程的引入课程，重点体现 ERP 的核心管理思想。

ERP 沙盘再现企业经营中的现金流量、产品库存、生产设备、人员实力、银行借贷等企业运营指标。学生通过在实战中扮演各种角色，连续从事几年的企业经营活动，挑战企业经营过程中的各种问题，从而了解企业战略的制定、企业经营考虑的因素、企业核心竞争力形成的过程等一系列问题。

在 ERP 沙盘模拟中，学生可以通过实际的模拟训练来认清企业环境及公司整体战略规划，了解整个企业的运作流程。同时，还可以学习与立场不同的各部门沟通协调，提高每个人的商务技巧，使参与者都能支持模拟企业既定的战略决策，共同致力于生产力和利润的提高。在能力训练方面，ERP 沙盘模拟可以提高学生迅速处理信息的能力、准确把握关键问题的能力、归纳发现基本规律的能力、合理运用竞争策略的能力、评估控制风险的能力、妥善处理团队关系的能力以及深入思考和创新的思维能力。

ERP 沙盘模拟揭示了企业内部研发、生产、市场营销和销售之间的关系，可以使参与者理解任何一个部门的行动对整个公司全局的影响，也使得参与者在模拟中深刻、全面理解企业管理中战略管理、市场营销策略、生产计划与物料需求计划管理、现金流预测与财务管理的含义及其对企业全面经营管理的重要性。

ERP 沙盘模拟可以明显地增强参与者的市场、竞争、团队等商业意识。

沙盘模拟训练的最大特点就是"在参与中学习"，强调"先行后知"，以学生为中心，以提升实战经营管理水平为目标。

体验："在快乐中学习"，体验本身就是一种价值。

认识："在参与中学习"，由转变认知模式到转变态度，直至改善行为。

反思："在错误中学习"，发现优势和不足，调整方向和速度。

应用：练中学，学后用，学生对培训内容具有很好的"长期保存效果"。

（二）ERP 沙盘模拟中涉及的企业管理知识

1. 整体战略方面

（1）评估内部资源与外部环境，制定短期、中期、长期策略。

（2）预测市场趋势，调整既定战略。

（3）通过模拟经营，练习使用战略分析工具和方法评估内部资源与外部环境，分析并识别市场机会。

（4）制定、实施模拟企业的中、长期发展战略。

（5）设计适合模拟企业战略需要的组织结构与运作流程。

（6）学习企业核心竞争力的确立与竞争优势缔造策略。

（7）根据模拟企业发展需要，运用稳定、增长与收缩战略。

（8）通过分析生动鲜活的现场案例，认识不同战略选择与经营业绩之间的逻辑关系，及时反思现实企业战略安排的正确性。

（9）树立起为未来负责的发展观，体会经营短视的危害，从思想深处树立战略管理意识。

（10）确立"预则立，不预则废"的管理思想。

2. 产品研发方面

（1）产品研发决策。

（2）学习运用产品组合策略和产品开发策略规划产品线，为模拟企业谋求稳定的利润来源，根据产品生命周期的不同阶段制定相应的策略和规划。

（3）制定适应性战略。

（4）必要时作出修改研发计划，甚至中断项目的决定。

3. 生产运作管理方面

（1）控制采购订单，学习以销定产、以产订购的管理思想。

（2）选择获取生产能力的方式（购买或租赁）。

（3）了解库存控制（ROA）与减少库存的关系。

（4）了解生产成本控制、生产线改造和建设的意义。

（5）根据销售订单编制生产计划与采购计划，合理地安排采购和生产。

（6）设备更新与生产线改良。

（7）全盘生产流程调度决策，匹配市场需求、交货期和数量及设备产能。

（8）库存管理及产销配合。

（9）必要时选择清偿生产能力的方式。

4. 市场营销与销售方面

（1）市场开发决策。

（2）新产品开发、产品组合与市场定位决策。

（3）进行模拟市场细分和市场定位，制定新市场进入战略。

（4）练习使用竞争者辨识与分析技术。

（5）策划战略进攻与防御。

（6）运用营销组合策略谋求市场竞争优势。

（7）模拟在市场中短兵相接的竞标过程。

（8）刺探同行"敌情"，抢攻市场。

（9）根据模拟经营形势，灵活运用领导者、追随者、补缺者战略。

（10）建立并维护市场地位，必要时作出退出市场的决策。

（11）通过应对市场环境的突变和竞争对手的市场攻势，培养管理者快速应变能力和危机管理能力。

5. 财务管理方面

（1）练习融资、采购、生产等环节的成本控制。

（2）洞悉资金短缺前兆，以最佳方式筹措资金。

（3）学习资源配置，协调融资、销售、生产的匹配能力。

（4）分析财务报表，掌握报表重点数据含义。

（5）运用财务指标进行内部诊断，协助管理决策。

（6）以有限资金转亏为盈，创造高利润。

（7）编制财务报表，结算投资报酬，评估决策效益。

（8）运用财务分析方法指导模拟经营决策，调整经营策略。

（9）制定财务预算、现金流控制策略。

（10）进行高效益的融资管理。

（11）制订投资计划，评估应收账款金额与回收期。

（12）预估长、短期资金需求，寻求资金来源。

（13）学习预算管理，在模拟经营中利用现金流预测，保证财务安全。

（14）掌握资金来源与用途，妥善控制成本。

6. 团队协作与沟通方面

（1）通过模拟团队协作认识团队的实质。

（2）在模拟经营中寻求团队的效率与效益来源。

（3）利用管理团队的自我调整，破解团队建设中的困惑。

（4）体验沟通对团队的意义。

（5）经过密集的团队沟通，充分体验交流式反馈的魅力，深刻认识建设积极向上的组织文化的重要性。

（6）系统了解企业内部价值链的关系，认识到打破狭隘的部门分割、增强管理者全局意识的重要意义。

（7）实地学习如何在立场不同的各部门间沟通协调。

（8）学习跨部门沟通与协调，提高周边绩效，树立全局意识。

（9）基于团队承诺，制定目标和行动计划，平衡资源，评价绩效。

（10）培养不同部门人员的共同价值观与经营理念。

（11）建立以整体利益为导向的组织。

7. 决策管理方面

（1）学习制订融资计划、产品开发计划、固定资产投资计划、原材料采购计划、生产计划、市场开拓计划。

（2）演练每一个模拟经营环节的管理决策。

（3）利用期末总结进行经营反思，认清管理者对决策的误解。

（4）在不断实践和运用中解析理性决策程序。

（5）验证以往形成的管理思想和方法，使自身存在的管理误区得以暴露、管理理念得到梳理与更新。

（6）总结模拟企业频繁发生的决策误区。

（7）通过对模拟企业战略管理与经营决策的全方位、实质性参与，加深对企业经营的了解，提高现实管理的有效性。

（8）现场运用团队决策，亲身体验群体决策的优势与劣势。

（9）针对模拟计划的决策失误，认识惯性决策的危害。

（10）通过模拟经营，大大提高洞察市场、理性决策的能力。

（11）通过模拟经营检验和调整经营决策。

8. 产业链价值管理方面

（1）通过现场案例研讨，认识产业链价值的组成和意义。

（2）运用产业链竞争原则进行产业链管理。

（3）拓展管理视角，走出内窥式管理的误区，初步建立起立足产业链价值分配原则，谋求有利于企业发展外部条件的管理思想。

（4）用现场的鲜活案例验证产业链价值分配均衡论。

（5）学习用价值链视角在模拟经营中谋求竞争优势，提高管理绩效。

9. 系统效率方面

（1）在模拟经营过程中体会管理与效率的关系。

（2）分析业绩不良的模拟企业案例，寻找效率缺失的原因。

（3）分析绩优的模拟企业战略安排和决策特点，认识系统效率的来源。

（4）树立持续改进的管理思想，学会运用不同形式的管理改造方法改进组织管理绩效。

（5）在模拟经营过程中，探索组织效率改进的路径。

四、ERP 沙盘盘面介绍

金蝶 ERP 沙盘如图 1-7 所示。整个盘面划分为几个区域，分别代表企业的几个主要生产经营活动中心。左边上半部分为财务中心，左边下半部分为营销中心、技术和质量管理中心，右边为物流中心和生产中心。

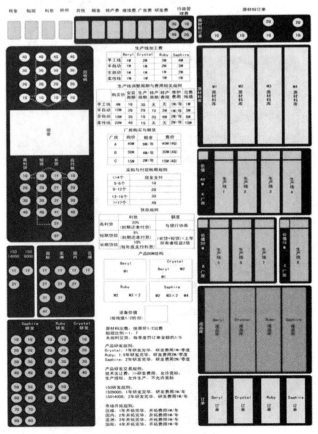

图 1-7　金蝶 ERP 沙盘

（一）财务中心

财务中心主要负责企业的财务管理，包括制订投资计划、评估应收账款、制订资金需求计划、掌握资金来源与用途、控制生产和营销成本、编制财务报表并进行财务分析、根据财务状况协助 CEO 进行管理决策。在盘面上表现为不得出现现金流枯竭，同时控制成本。

财务中心的主要功能包括以下四个方面：①以企业战略目标为基础，利用最佳方式筹集企业所需的资金，实现资金筹集的合理化；②根据企业发展战略的需要，合理有效地分配和调度资金；③在经营过程中，利用适当的财务计划和控制方法，配合各个职能部门，充分有效地利用各种资金，加速资金周转，追求资金运用的效率；④制订和实施财务战略计划，确定长期和短期财务目标，力求实现资金收益的最大化。

在金蝶 ERP 沙盘中，财务中心由应收账款、现金、贷款，应付账款，账务费用和综合管理费用四个部分组成，如图 1-8 所示。其中，灰色筹码代表资金，1 个筹码代表 1M（M 代表百万元）资金；红色筹码代表负债，有 10M 和 1M 两种筹码；筹码所在位置表示资金要运转的时间，其中 Q 代表季度，Y 代表年。

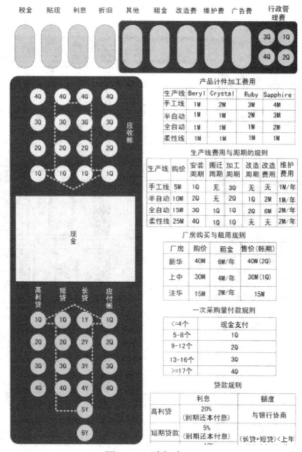

图 1-8　财务中心

（二）营销中心

营销中心负责市场和销售管理工作，构建有效的市场营销体系与销售体系，准确把握最佳盈利机会，更好地服务于内外部客户。其主要任务是"抢单"和销售产品，主要工作成果是销售出尽量多的产品。在市场方面的工作是为实现公司的经营目标制定策略，而在销售方面的工作则是执行市场策略。

营销中心主要功能包括：①在市场开发方面，负责市场推广战略、产品组合与市场定位决策；②在产品销售方面的主要工作是竞标、抢订单、销售产品以及货款的回收等。

金蝶 ERP 沙盘将市场划分为区域、国内、亚洲和国际市场。如果要到某个市场去销售产品，必须先进行市场开拓，市场开拓表现为资金和时间投入，市场开拓情况在盘面上的表示如图 1-9 所示。

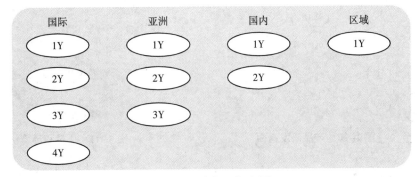

图 1-9　市场开拓盘面

（三）技术和质量管理中心

技术和质量管理中心负责产品研发决策，制订或修改研发计划，并负责质量管理认证。技术和质量管理中心除了负责 ISO 认证和产品研发方面的工作外，还要协助生产中心制订生产计划。

产品的研发要选择好投入时机。在金蝶 ERP 沙盘中，Beryl 产品目前在市场上的销路还不错，但是可以预见，激烈的竞争即将开始。一方面是来自国内同行的仿效；另一方面是来自加入 WTO 之后，外国竞争者进入所构成的重大威胁。这些外国竞争者拥有更先进的研发技术和生产技术，如果企业不在产品上进行创新，就很容易被市场淘汰。Crystal 产品是 Beryl 产品的技术改进版，它继承了 Beryl 产品的很多优良特性，在一段时间内可以为企业的发展带来可观利润。Ruby 产品是一个完全重新设计的产品，采用了最新技术，在技术创新及益于环保方面具有很大的飞跃，但目前很难评估客户对这种新技术的态度。Sapphire 产品被视为一个未来技术的产品，大家都满怀期望，然而它的市场何时才能形成是一个完全未知的因素。Crystal、Ruby、Sapphire 三种产品的生产技术需要提前研发，产品的研发需要时间和投入资金，如图 1-10 所示。

在质量管理和环境保护方面，金蝶 ERP 沙盘设置了 ISO 9000 质量认证和 ISO 14000 环境认证资格，分别表示企业在质量和环保方面的能力。要获得这两项认证，需要投入时间、人力并产生费用，如图 1-11 所示。

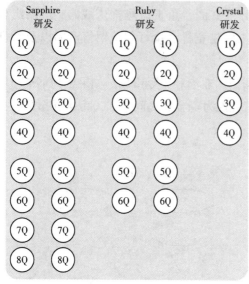

图 1-10　产品研发盘面

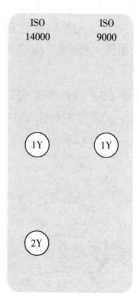

图 1-11　质量和环境认证盘面

（四）物流中心

物流中心负责原材料采购、储存管理和产成品库存管理，包括协助生产总监制订物料需求计划，并形成原材料的采购计划。

物流中心主要功能有以下两个：①负责采购物料，以满足生产的需要，做到适时（Right Time）、适量（Right Quantity）、适质（Right Quality）、适价（Right Price）、适地（Right Place）提供生产所需的物料。适时就是生产上要用到物料的时候能及时供应，不断料；适量就是采购的数量刚好能满足生产的需要，没有过多的采购，减轻财务负担，降低采购成本。②负责采购物料的入库、储存、防护和交付投产，控制原料和成品库存。

物流中心在金蝶 ERP 沙盘中如图 1-12 和图 1-13 所示。沙盘中蓝色筹码代表原材料，黄色筹码代表原材料订单，共有 M1、M2、M3、M4 四种原材料。各种原材料的采购期不同，而且采购数量不同，账期也不同。

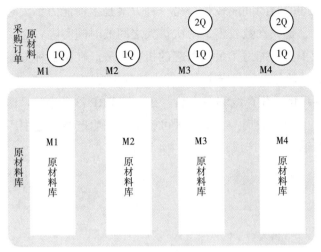

图1-12 采购盘面

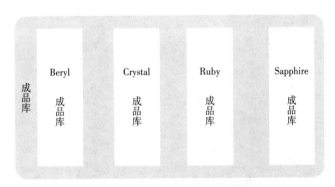

图1-13 成品库盘面

（五）生产中心

生产中心是产品的制造场所，主要负责选择获取生产能力的方式（购买或租赁），设备更新与生产线改造，匹配市场需求、交货期和数量，核算产能并组织生产，必要时选择清偿生产能力的方式。具体来说，生产中心负责企业产品制造工作，包括制订产品的制造计划，主要职责是按照销售计划和预测按时制造出成品，同时控制在制品的数量。

具体职责如下：①生产计划管理，即根据市场订单制订企业的产品生产计划，做好生产进度和生产能力的平衡调度，保证按时提供市场需要数量的产品；②负责质量控制和管理，保证产品的质量；③控制生产过程成本要素，最大限度降低生产成本；④做好生产设备的更新换代工作，保证生产能力能满足生产的需要。

就生产能力而言，需要考虑生产能力的调整问题，即何时扩大生产能力、扩大多少。解决这个问题有两种方案：一种方案是生产能力扩大时间超前于需求，每次扩大的规模较大，两次扩大之间的时间间隔较长；另一种方案是生产能力扩大时间滞后于需求，每次扩大的规模较小，扩大次数较多，两次扩大之间的时间间隔较短。第一种方案带来的缓冲较大，可以减少由于能力不足而引起的机会损失。在第二种方案中，当能力不足时可以采用加班加点、任务外包、安全库存等办法来补救。

生产中心包括厂区、生产线和在产品。在金蝶 ERP 沙盘中，厂区有大、中、小各一个，分别叫新华、上中、法华。新华厂区可容纳四条生产线，上中厂区可容纳三条生产线，法华厂区可容纳一条生产线，如图 1-14 所示。

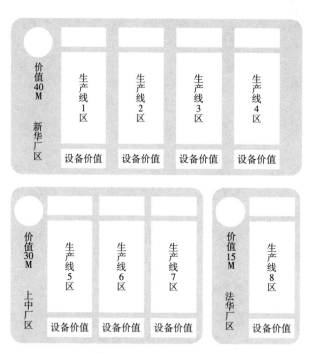

图 1-14　生产中心盘面

生产线按照生产能力和需要的投资，以及转产时间（柔性）的不同，分为手工线、半自动线、全自动线和柔性线，如图 1-15 所示。

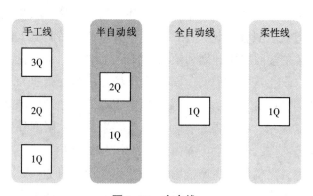

图 1-15　生产线

五、ERP 沙盘课程设计

ERP 沙盘课程教学过程由三个中心和六个环节组成。三个中心分别是教师管理控制指导中心、学生盘面实践中心以及案例和盘面分析讨论中心。六个环节分别是基础知识讲解环节、课程导入环节、生产经营模拟准备环节、生产经营模拟环节、生产经营讨论环节以及课程讨论和总结环节。

（一）教学中心

在整个 ERP 沙盘课程的教学过程中，始终围绕三个中心进行教学。

1. 教师管理控制指导中心

教师管理控制指导中心由主讲教师和课程助理教师组成，既是课程的组织管理中心，又代表市场监督管理部门、税务部门和银行管理部门行使监督管理和控制职权，同时，还代表公司董事会、客户和供应商。在整个课程的演练过程中，教师不再仅仅是讲解者，而是在不同阶段扮演着不同的角色，可能是引导者、调动者，也可能是观察家和分析评论员，还有可能是某个公司的业务顾问。作为调动者，为了让学生能充分投入，并在模拟操作过程加深体验，教师会在课程中担任多个角色，为学生创造逼真的模拟环境。例如，代表董事会提出发展目标，代表客户洽谈供货合同，代表银行提供各项贷款服务，代表政府部门发布各项经营政策，等等。

（1）教师作为引导者。由于课程固有的特点，课程中有一半以上时间是学生在进行模拟操作，大多数学生都会把模拟过程与实际工作联系起来，并且会把实际工作中的一些经验方法、思维方式展现出来。教师会充分利用这些机会，帮助学生进行知识整理，并引导学生进入更高层面的思考。

（2）教师作为观察家。在课程进行过程中，教师通过观察每个学生在模拟过程中的表现，判断哪些知识是学生最欠缺的，并根据学生的特点选择最有利于其快速吸收并能加以运用的讲授方法。这是切实关注学生收获的独特教学方法。

（3）教师作为顾问。由于学生具有不同的经验和知识背景，兴趣点和兴奋点也有所不同，这时教师的角色更倾向于顾问。教师不仅要在课程中激发学生的学习兴趣，还要提供必要的建议，讲解理论知识及其应用，并进一步根据学生的需要，帮助学生系统整理已掌握的知识和经验，解答由课程引发的关于实际学习和工作中的问题。事实上，在课程学习中，很多学生都不同程度地表现出某种兴趣、某种特有的才能和潜质，或者某种明显的不足，这时教师要明显地给予关注，就学生表现出的状况进行一对一讨论。这可能涉及某个行业问题，甚至涉及学生专业及就业方面的问题。

2. 学生盘面实践中心

学生盘面实践中心是学生动手进行生产经营模拟的地方，后面章节中将详细介绍。

3. 案例和盘面分析讨论中心

案例和盘面分析讨论中心是以主讲教师为主导的全体人员参与的分析讨论，主要是对盘面进行总结和评价，针对盘面中出现的问题进行讨论并补充必要的知识，通过案例引导学生进行思考。

（二）各个教学环节设计

整个 ERP 沙盘课程的教学过程是通过六个教学环节来完成的，如图 1-16 所示。这六个教学环节是随着课程教学的深入逐步展开的，各个教学环节的具体教学内容在后面的章节中将逐步介绍。

第一个教学环节是基础知识讲解。主要包括生产管理知识和 ERP 知识。

第二个教学环节是课程导入。主要包括 ERP 沙盘和金蝶 ERP 沙盘盘面介绍。

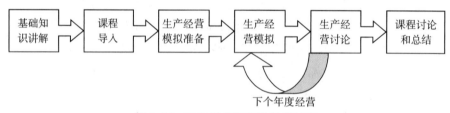

图 1-16　ERP 沙盘课程的教学过程

第三个教学环节是生产经营模拟准备。主要包括模拟企业背景介绍、角色介绍、组建管理团队、盘面初始化、生产经营规则讲解，其内容见第二章。在组建管理团队教学中，要将参加课程学习的学生组建成不同的公司，每个公司设置总裁（CEO）、财务总监（CFO）/财务助理、生产总监/供应链管理、销售与市场总监、信息总监、研发总监等职位。各个公司首先产生 CEO，再由 CEO 招聘管理人员。这部分教学的大致过程如下：①全体学生简单自我介绍；②由愿意竞选 CEO 的 6~9 位学生发表 1~2 分钟的演讲；③竞选答辩；④各 CEO 招聘管理人员；⑤招聘到 6~8 人的 CEO 可以组建公司，其他人员由教师调配。在这部分教学中，教师要注意各公司 CFO 人选是否恰当。

第四个教学环节是生产经营模拟。主要包括各年的生产经营计划的制订、实施和总结，其内容见第三章。这部分教学是课程教学重点，其过程大致如下：①调整经营战略；

②制订本年度生产经营计划；③投放广告；④各区域各品种按照排名获取订单；⑤完成年初经营工作；⑥组织各季度的生产并按订单交货；⑦完成年终经营工作，并编制财务报表。

第五个教学环节是生产经营讨论。这部分教学既要完成对年度经营管理工作的总结和实践经验的分享，也要达到通过讨论和教师点评提升学生经营管理能力的目的。在教学中，主讲教师可以针对盘面中出现的问题组织学生讨论并补充必要的知识，也可以通过案例引导学生进行思考。

课程设定学生要模拟六年的生产经营过程，没有完成第 6 年的生产经营时回到第四个教学环节，完成第 6 年的生产经营后进入课程的第六个教学环节。

第六个教学环节是课程讨论和总结。这个环节也是课程的重点内容，既是对公司六年生产经营的总结，也是对课程的总结，同时还是对学生经营管理能力的提升。这部分教学大致可以如下安排：①小组总结讨论；②课堂交流；③主讲教师点评和总结；④ BBS 交流；⑤撰写课程报告。

（三）课程教学进度

ERP 沙盘课程的教学过程按照上述的六个教学环节，以 40 课时为例，其课程教学进度可以按照表 1–3 执行。

表 1–3　课程教学进度

教学环节		教学内容	课时	教学要求
（1）	相关知识	基础知识讲解	2	了解生产管理和 ERP 的基础知识
（2）	课程导入	ERP 沙盘和 金蝶 ERP 沙盘	2	了解 ERP 沙盘和金蝶 ERP 沙盘盘面
（3）	生产经营 模拟准备	模拟企业背景介绍、 角色介绍	2	熟悉课程要求；组建管理团队
		盘面初始化， 起始年运营	2	了解起始年资金、费用、生产、研发、市场等方面的运作；熟悉沙盘的运作过程
		生产经营规则讲解	2	熟悉贷款、生产线建设、产品研发、市场开发等规则
（4）	第 1 年 经营管理	第 1 年演练运营	2	熟练操作第 1 年资金、费用、生产、研发、市场等方面的运作
（5）		第 1 年运营分析	2	公司经营年度总结，针对每组盘面，教师点评其经营情况；调整下一年的经营策略，制订下一年的经营计划
（4）	第 2 年 经营管理	第 2 年演练运营	2	熟练操作第 2 年资金、费用、生产、研发、市场等方面的运作
（5）		第 2 年运营分析	2	公司经营年度总结，针对每组盘面，教师点评其经营情况；调整下一年的经营策略，制订下一年的经营计划

续表

教学环节		教学内容	课时	教学要求
（4）	第3年 经营管理	第3年演练运营	2	熟练操作第3年资金、费用、生产、研发、市场等方面的运作
（5）		第3年运营分析	2	公司经营年度总结，针对每组盘面，教师点评其经营情况；调整下一年的经营策略，制订下一年的经营计划
（4）	第4年 经营管理	第4年演练运营	2	熟练操作第4年资金、费用、生产、研发、市场等方面的运作
（5）		第4年运营分析	2	公司经营年度总结，针对每组盘面，教师点评其经营情况；调整下一年的经营策略，制订下一年的经营计划
（4）	第5年 经营管理	第5年演练运营	2	熟练操作第5年资金、费用、生产、研发、市场等方面的运作
（5）		第5年运营分析	2	公司经营年度总结，针对每组盘面，教师点评其经营情况；调整下一年的经营策略，制订下一年的经营计划
（4）	第6年 经营管理	第6年演练运营	3	熟练操作第6年资金、费用、生产、研发、市场等方面的运作
（5）		第6年运营分析	3	公司经营年度总结，针对每组盘面，教师点评其经营情况
（6）	课程总结	课程讨论和总结	4	对公司六年的生产经营进行总结；要求小组讨论后进行课堂交流；主讲教师对整个教学过程进行总结；要求学生课后在BBS中交流，并撰写课程报告
合计课时			40	

本章小结

　　本章是整个课程的导入部分，为后面各章的教学奠定基础，也为生产经营模拟实训做准备。本章内容分为三部分：第一部分讲述了涉及生产经营模拟的基础知识，主要内容是生产管理知识和ERP知识；第二部分是课程导入，为课程开展奠定基础，主要内容是ERP沙盘介绍和金蝶ERP沙盘盘面介绍；第三部分是本门课程的设计，这部分内容既是对课程的教学过程设计的说明，也是对生产经营模拟做的准备工作，其主要内容是课程教学中的三个教学中心和六个教学环节，以及课程教学进度安排。

复习思考题

1. 如果你是 CEO，你将如何经营公司？请描述公司的发展战略。
2. 作为公司管理者，你将如何使你负责的工作顺利开展，并能与其他部门一起协调发展，以达到公司的战略目标？
3. 你对公司目前的产品市场战略和生产战略有什么想法？
4. 按照公司的发展战略，你认为公司未来的财务风险有哪些？怎样回避这些风险？
5. 简述生产经营管理沙盘模拟的目的和主要思想。

案例分析

一、成都市郫都区："一降两提"助力毕业生创业就业

成都市郫都区打出"体制机制创新＋配套扶持"组合拳，布局加速器和中试基地 8.47 万平方米，为高校毕业生开放免费办公载体 8300 平方米，2022 年以来，累计签约毕业生就业岗位 4765 个。

作为全国首批双创示范基地，郫都区科教资源富集，每年毕业生约 2.4 万人。2022 年以来，该区紧扣大中小企业融通创新方向，聚焦高校毕业生群体，深入实施创业带动就业示范行动，以"降门槛、提能力、提服务"为抓手，持续优化创新创业生态，着力营造"低成本、全要素、便利化"的高校毕业生创新创业环境。

对于高校毕业生而言，创业资金不足是阻碍创新创业的头号难题。据悉，为降低创新创业门槛，郫都区盘活原富士康生活配套区闲置载体 25.8 万平方米，打造了集孵化办公、成果转化和生活配套等功能于一体的低成本大学生创新创业集聚区。

"在入驻郫都区场地时，我们获得了办公场地房租和物业费'三免两减半'的政策支持，不仅实实在在地降低了单位运营的成本，也增加了我们发展的信心。"位于郫都区菁蓉镇的四川中土检测检验有限公司总经理唐某说，作为青年大学生创业团队，四川中土检测检验有限公司从成立之初就得到了郫都区多项政策补贴。2022 年，该公司成功入选国务院"第三次全国土壤普查第一批检测实验室"。

据了解，在郫都区，像"中土检测"这样的创业团队还有很多。近年来，该区不断完善"苗圃—孵化器—加速器—产业园"全生命周期孵化体系，累计创建市级及以上科技企业孵化器（众创空间）28 个，布局加速器和中试基地 8.47 万平方米，向高校毕业生创业项目开放免费办公载体 8300 平方米，精准提供创业辅导、融资支持等高质量孵化

服务。

针对高校毕业生创业面临的制造平台缺失和供应链脆弱等痛点，郫都区创新建立了蜂鸟智造共享中试基地公共服务平台，依托中试熟化＆样机中心和供应链管理体系，构建覆盖设计开发、产品验证和中试量产的全链条服务体系，缩短创新产品从研发设计到投入市场的周期，孵化培育创业项目 50 余个，带动 600 余人就业。

创业的成功离不开便利的创业服务。为解决毕业生创新创业所遇问题，郫都区坚持"线下线上"同步发力，组建了 7×24 小时"菁蓉管家"服务团队，常态化开展政策宣讲、需求对接等"一对一"服务，在全面落实税收减免、社保缓缴、创业补贴、创业担保贷款等普惠扶持政策的基础上，对企业招用高校毕业生给予 1000 元／人扶持。

2022 年以来，郫都区解决企业资金、技术等方面诉求 132 件，兑现创新创业就业扶持资金 4047 万元，成都频岢微电子有限公司等 3 家创新企业获得股权融资 1.8 亿元、老肯医疗科技股份有限公司等 40 家创新企业获得"科创贷" 1.47 亿元、成都天本地源科技有限公司等 4 家创新企业获得知识产权质押融资 1500 万元。

（资料来源：https://baijiahao.baidu.com/s?id=1739315124741497489&wfr=spider&for=pc,2022-07-25。）

二、国务院颁发指导意见深入解决大学生创新创业实际问题

近年来，大众创业、万众创新成为我国经济发展的新引擎，随着我国创业环境和条件的改善，越来越多的大学生积极投身创新创业实践，但也面临融资难、经验少、服务不到位等问题。如今，优化创业环境已成为加速我国创新创业发展的重要推动力，针对创业难的问题，也为了提升我国大学生创新创业能力、增强创新活力，进一步支持大学生创新创业，国家不断统筹优化，立足新发展阶段、贯彻新发展理念、构建新发展格局，坚持创新引领创业、创业带动就业政策。在 2021 年，国务院颁发了《国务院办公厅关于进一步支持大学生创新创业的指导意见》（国办发〔2021〕35 号），深入解决大学生创新创业实际问题，优化创新创业环境，随后各个省区市也相应出台了文件旨在改善我国创业环境。

下文节选自《国务院办公厅关于进一步支持大学生创新创业的指导意见》。

（四）降低大学生创新创业门槛。持续提升企业开办服务能力，为大学生创业提供高效便捷的登记服务。推动众创空间、孵化器、加速器、产业园全链条发展，鼓励各类孵化器面向大学生创新创业团队开放一定比例的免费孵化空间，并将开放情况纳入国家级科技企业孵化器考核评价，降低大学生创新创业团队入驻条件。政府投资开发的孵化器

等创业载体应安排30%左右的场地，免费提供给高校毕业生。有条件的地方可对高校毕业生到孵化器创业给予租金补贴。(科技部、教育部、市场监管总局等和地方各级人民政府按职责分工负责)

（五）便利化服务大学生创新创业。完善科技创新资源开放共享平台，强化对大学生的技术创新服务。各地区、各高校和科研院所的实验室以及科研仪器、设施等科技创新资源可以面向大学生开放共享，提供低价、优质的专业服务，支持大学生创新创业。支持行业企业面向大学生发布企业需求清单，引导大学生精准创新创业。鼓励国有大中型企业面向高校和大学生发布技术创新需求，开展"揭榜挂帅"。(科技部、发展改革委、教育部、国资委等按职责分工负责)

（六）落实大学生创新创业保障政策。落实大学生创业帮扶政策，加大对创业失败大学生的扶持力度，按规定提供就业服务、就业援助和社会救助。加强政府支持引导，发挥市场主渠道作用，鼓励有条件的地方探索建立大学生创业风险救助机制，可采取创业风险补贴、商业险保费补助等方式予以支持，积极研究更加精准、有效的帮扶措施，及时总结经验、适时推广。毕业后创业的大学生可按规定缴纳"五险一金"，减少大学生创业的后顾之忧。(人力资源社会保障部、教育部、财政部、民政部、医保局等和地方各级人民政府按职责分工负责)

思考：结合上述两个案例，请你调研一下你所在地区及国家关于创新创业就业的政策和环境，分析这些政策和环境对创新创业就业有什么作用。

模拟企业概况

【本章学习目标】

1. 了解模拟企业的经营环境，并对市场进行分析。
2. 了解模拟企业有哪些角色，各自的工作职责是什么。
3. 了解模拟企业的初始状况及财务状况。

一、模拟企业介绍

ERP 沙盘模拟的是一家本地企业，主打产品是 Beryl，产品的技术含量较低、竞争不激烈，原管理层风格比较保守，在技术开发和市场开发方面投入比较少，倾向于保持现状。企业拥有一个大厂房，其中安装了三条手工线和一条半自动线。

（一）企业的组织结构

现代企业的组织结构一般分为股东会、董事会和经理班子三个层次。在 ERP 沙盘模拟实训中，省略了股东会和董事会，企业所有的重要决策均由 CEO 决定。本书所模拟的企业具体组织结构如图 2-1 所示。

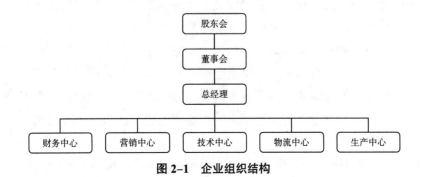

图 2-1　企业组织结构

（二）企业的主要角色

ERP 沙盘模拟训练中，共设置了六个不同的角色，每个角色都有各自的工作职责及工作内容。

1. 总经理（CEO）

总经理是公司的舵手，对公司的发展方向和团队的协调起着重要作用：在公司经营一帆风顺的时候能带领团队冷静思考，在公司遇到挫折的时候能鼓舞大家继续前进。

CEO 主要完成以下工作：制定发展战略，评估内、外部环境，制定中、短期经营策略；竞争格局分析；经营指标确定；业务策略制定；全面预算管理；管理团队协同；企业绩效分析；业绩考评管理；管理授权与总结。

2. 财务总监（CFO）

财务报表是企业的语言，财务数据是企业各项经营活动的数字表现，财务流程与企业的整体运营紧密关联。财务总监要了解企业的"钱"途，要学会"财眼"看世界，掌握财务管理技能和方法，具备成本意识和与各部门沟通的技巧，并在决策和管理过程中自觉考虑财务因素。

CFO 主要完成以下工作：日常财务记账和登账；向税务部门报税；提供财务报表；日常现金管理；企业融资策略的制定；成本费用控制；资金调度与风险管理；财务制度与风险管理；财务分析与协助决策；制订投资计划，评估回收周期；现金流的管理与控制；编制财务报表，结算投资收益，评估决策效益；运用财务指标进行财务分析和内部诊断，协助管理决策；以有限的资金运作创造高额的利润。

3. 营销总监（CMO）

市场营销的一个核心要素就是将公司现有的各种资源及想要达到的目标与市场需求有机地结合起来，把消费者需求和市场机会变成有利可图的公司机会的一种行之有效的手段，也是战胜竞争者、谋求发展的重要工具。通过激烈的模拟市场竞争，在不给现实企业带来任何实际损失的前提下，获得宝贵的市场竞争经验。通过实战模拟，辨认细分市场和选择目标市场，学会竞争分析、资源分配、整合营销策划和实施。帮助学生学习制订以市场为导向的业务战略计划，认识营销战略对于经营业绩的决定性作用，体验内部营销和外部营销间的关系，深刻领悟企业综合竞争能力的来源。理解客户终身价值的意义，从注重产品与推销转变为注重客户满意。随着市场竞争的加剧，哪家公司能更好地选择目标市场，并为目标市场制定相应的市场营销组合战略，哪家公司就是竞争中的赢家。

CMO 主要完成以下工作：市场信息系统的决策思路；市场分析与定位；市场制胜

的方法与手段；进攻与防守策略；产品组合策略；产品定价决策：产品定位决策；市场与产品决策的常见误区及陷阱；市场与产品决策的常用工具；现代营销信息系统的构成；内部报告系统；营销情报系统；营销调研系统；营销决策支持系统；市场预测和需求衡量；辨认细分市场和选择目标市场；实现差别化；开发企业定位战略；产品生命周期的营销战略；市场调查分析；市场进入策略；品种发展策略；广告宣传策略；制订销售计划；争取订单与谈判；签订合同与过程控制；按时发货、应收账款管理；销售绩效分析；投标与竞标策略制定，营销效率分析；研究市场信息，抢占市场，建立并维护市场地位，寻找不同市场的盈利机会。

4. 技术总监（CTO）

在现代市场竞争中，为了满足市场需要，对新产品的研发和新市场的开拓显得至关重要，所以技术总监的反应速度非常关键。

CTO 主要完成以下工作：全面负责技术部工作，直接对总经理负责；制定技术目标和工作方案；加强部门合作，提供技术支持；制订并组织实施技术系统工作目标和工作计划；组织技术、产品开发与创新；组织建立并实施质量体系；公司标准化、计量管理工作；技术系统文件等资料的整理保管及公司档案管理工作；公司保密工作。

5. 采购总监（CPO）

在现代制造业经营中，供应链管理和物流管理已经成为公司核心竞争力构成的重要因素。

CPO 主要完成以下工作：编制采购计划；与供应商谈判；签订采购合同；监控采购过程；到货验收；仓储管理；采购支付抉择；与财务部门协调；与生产部门协同。

6. 生产总监（COO）

ERP 沙盘模拟实训课程真实再现一个制造型企业管理的完整流程，包括物流、资金流和信息流的协同，理解企业实际运作中各个部门和管理人员的相互配合。生产总监要进行生产、库存、产销排程、成本控制、合理开支、JIT 生产等的应用和协调。

COO 主要完成以下工作：固定资产投资；编制生产计划；平衡生产能力；生产车间管理；成品库存管理；产品外协管理；生产计划的制订；资源的合理配置；提升生产能力与效率；总结和避开生产管理决策的常见误区与陷阱；熟练运用生产管理决策的常用工具。

（三）企业的财务状况

所谓财务状况，是指企业资产、负债、所有者权益的构成情况及其相互关系。资产负债表主要提供有关企业财务状况方面的信息。资产负债表可以提供某一日期资产的总额及其结构，表明企业拥有或控制的资源及其分布情况；可以提供某一日期的负债总额及其结构，表明企业未来需要用多少资产或劳务清偿债务以及清偿时间；可以反映所有者所拥有的权益；可以提供进行财务分析的基本资料，如将流动资产与流动负债进行比较计算出流动比率、将速动资产与流动负债进行比较计算出速动比率等；还可以表现企业的变现能力、偿债能力和资金周转能力，从而有助于财务报表使用者做出经济决策。

目前该企业的总资产为 1.04 亿元（模拟货币单位 104M，M 表示"百万元"），其中，流动资产 52M，固定资产 52M，负债 43M，所有者权益 61M，企业的具体资金分布情况见表 2-1 的简易资产负债表。

表 2-1　简易资产负债表

单位：百万元

资产	0 年初	负债及所有者权益	0 年初
流动资产：		负债：	
现金	24	短期负债	20
应收账款	14	应付账款	0
原材料	2	应交税费	3
产成品	6	长期负债	20
在产品	6		
流动资产合计	52	负债合计	43
固定资产：		所有者权益：	
土地建筑净值	40	股东资本	50
机器设备净值	12	以前年度利润	4
在建工程		当年净利润	7
固定资产合计	52	所有者权益合计	61
资产总计	104	负债及所有者权益总计	104

（四）企业的经营环境

新上任的管理团队即将接手的公司是一家经营情况良好的本地企业，其主力产品是 Beryl，产品的技术含量较低，竞争不激烈，原管理层风格比较保守，在技术开发和市场开发方面投入比较少，倾向于保持现状。根据权威市场咨询公司的信息，在未来几年，公司的主力产品 Beryl 的销量将持续下降，且公司目前主要投入的本地市场容量有限，缺乏成长性。由于现有公司管理层的管理风格过于保守，在日益变化的市场环境下，公司董事会认为现有高层管理人员需要作出调整。

为了更好地经营企业，有必要对市场进行预测。总体来看，根据企业的实际情况可以比较准确地预计未来 1~3 年的销售情况，但由于市场存在很大的不确定性，未来 4~7 年的预计只能作为一个参考，如表 2-2 所示。

表 2-2 市场情况分析

分类	销量预测	单价预测
本地	Beryl 是一个成熟的产品，未来 3 年内在本地市场上的需求较大，但随着时间的推移，需求可能迅速下降 Crystal 在本地市场的需求呈上升趋势 Ruby 和 Sapphire 的需求不明确 不管哪种产品，未来可能会要求企业具有 ISO 认证	Beryl 的单价逐年下滑，利润空间越来越小 Ruby 和 Sapphire 随着产品的完善，价格会逐步提高
区域	区域市场的需求量相对本地市场来讲不大，而且对客户的资质要求相对较严格，可能要求供应商具备 ISO 认证（ISO 9000 和 ISO 14000）才可以允许接单	由于对供应商的资格要求较严，竞争的激烈性相对较低，价格普遍比本地市场高
国内	Beryl、Crystal 的需求逐年上升，第 4 年达到顶峰，之后开始下滑。Ruby、Sapphire 的需求预计呈上升趋势。同时也可能要求供应商获得 ISO 9000 认证	与销售量相类似，Beryl、Crystal 的价格逐年上升，第 4 年达到顶峰，之后开始下滑。Ruby、Sapphire 的单价逐年稳步上升
亚洲	所有产品几乎都供不应求	Beryl 在亚洲市场的价格相对于本地市场来说没有竞争力
国际	Beryl 的需求非常大，其他产品需求不甚明朗	受各种因素影响，价格变动风险大

下面对不同的目标市场进行详细的分析。

1. 本地市场分析

如图 2-2 所示，Beryl 是一个成熟的产品，未来 3 年内在本地市场的需求较大，但随着时间的推移，需求可能逐渐下降；Crystal 在本地市场的需求呈上升趋势；Ruby 和 Sapphire 的需求不明确。不管哪种产品，未来可能会要求供应商具备 ISO 认证（ISO 9000 和 ISO 14000）。在单价预测方面，Beryl 的单价逐年下滑，利润空间越来越小；Ruby 和 Sapphire 随着产品的完善，价格会逐步提高。

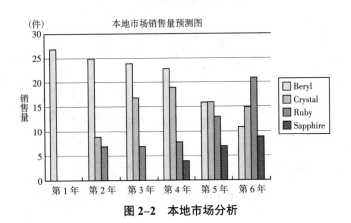

图 2-2 本地市场分析

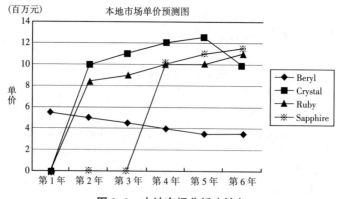

图 2-2　本地市场分析（续）

2. 区域市场分析

如图 2-3 所示，区域市场的需求量相对于本地市场来讲不大，而且对客户的资质要求相对较严格，可能要求供应商具备 ISO 认证（ISO 9000 和 ISO 14000）才允许接单。在单价预测方面，由于供应商的资格要求较严，竞争的激烈程度相对较低，价格普遍比本地市场高。

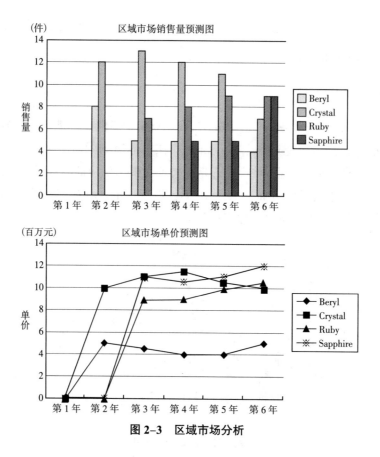

图 2-3　区域市场分析

3. 国内市场分析

如图 2-4 所示，Beryl、Crystal 的需求逐年上升，第 4 年达到顶峰，之后开始下滑；Ruby 和 Sapphire 需求预计呈上升趋势；同时，供应商也可能被要求企业获得 ISO 9000 认证。在单价预测方面，Beryl、Ruby 的价格逐年上升，第 4 年达到顶峰，之后开始下滑；Crystal 的价格第五年达到顶峰，之后开始下滑；Sapphire 单价逐年稳步上升。

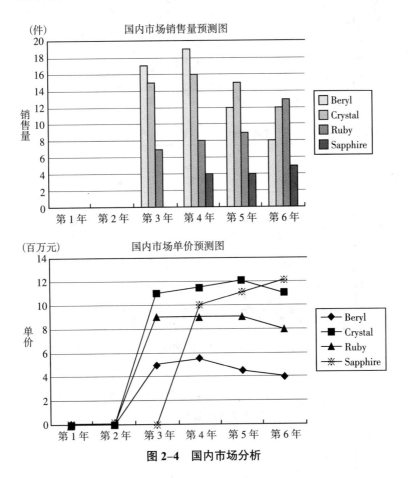

图 2-4 国内市场分析

4. 亚洲市场分析

如图 2-5 所示，所有产品在亚洲市场几乎供不应求。在单价预测方面，亚洲市场的价格相对于本地市场来说没有竞争力。

5. 国际市场分析

如图 2-6 所示，Beryl 的需求非常大，其他产品需求不甚明朗。在单价预测方面，受各种因素影响，价格变动风险大。

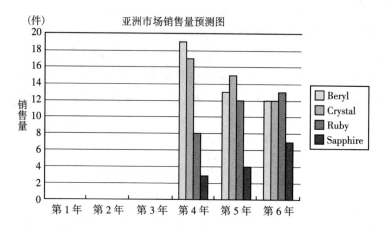

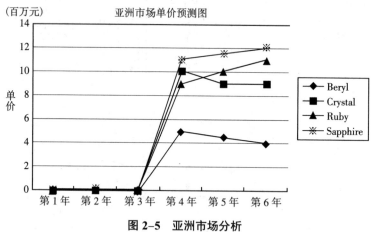

图 2-5 亚洲市场分析

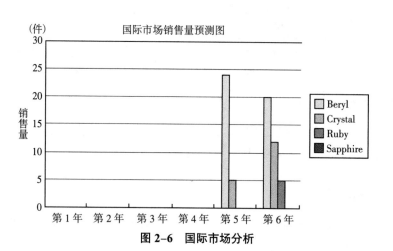

图 2-6 国际市场分析

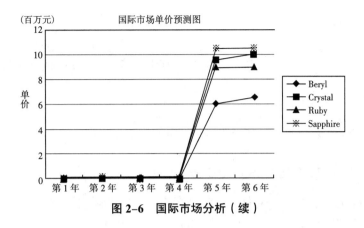

图 2-6 国际市场分析（续）

二、沙盘初始状态设置

为了更详细地了解企业运营的基本信息，结合前面介绍的企业财务状况，下面将对企业初始状态进行设置，如图 2-7 所示。

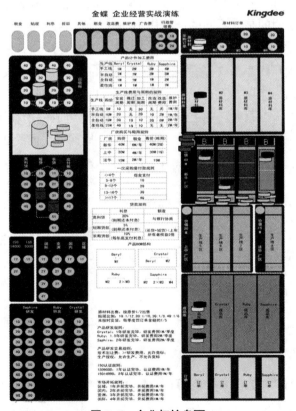

图 2-7 企业初始盘面

（一）流动资产

流动资产包括现金、应收账款、存货等，其中存货又分为在制品、成品和原材料。

1. 现金 24M

请财务总监领取 24M（2 个 10M 及 4 个 1M）的现金筹码放置于盘面上的现金区。

2. 应收账款 14M（其中 2Q、3Q 各 7M）

为获得尽可能多的客户，企业一般允许客户在一定期限内缴清货款。在模拟过程中，假定应收账款的最长账期为 4 个季度，即 4Q。目前该模拟企业的应收账款为 14M，分别是 2Q、3Q 各 7M，所以请财务总监领取 14M（14 个 1M）的现金筹码，平均分成 2 份，分别放置于"应收账款"的 2Q、3Q 处。

3. 在制品 Beryl 6M（原材料 M1+ 现金）

在 4 条生产线中，生产线 1（手工线）第 1 周期有 1 个在制品，生产线 2（手工线）第 3 周期有 1 个在制品，生产线 3（手工线）空闲，生产线 4（半自动线）第 1 周期有 1 个在制品。

在制品是指处于加工过程中尚未完工入库的产品，它由两部分组成：一是原材料，二是加工费。需要说明的是，不同的产品用不同的生产线生产，加工费有可能不同，因此产品的成本就有可能不同。

目前，该企业大厂房里有 3 条手工线和 1 条半自动线。手工线的生产周期为 3 期，半自动线的生产周期为 2 期，靠近原材料库的为第 1 生产周期。请生产总监、采购总监与财务总监按照一个 M1 原材料加上一个 1M 现金筹码组成一个在制品的方式制作 3 个 Beryl 在制品，分别放置于生产线 1（手工线）的第 1 周期、生产线 2（手工线）的第 3 周期、生产线 4（半自动线）的第 1 周期。

4. 成品 Beryl 6M（原材料 M1+ 现金）

成品库里共有 3 个成品，每个成品同样是由原材料和加工费组成，因此请生产总监、采购总监与财务总监配合制作 3 个成品放到"Beryl 成品库"处。

5. 原材料 2M（蓝色筹码 M1）

原材料库里有 2 个 M1 原材料，每个价值 1M。请采购总监领取 2 个原材料放置于"M1 原材料库"处。

6. 原材料采购订单 2M（黄色筹码 M1）

采购总监领取 2 个 M1 原材料采购订单放置于盘面上原材料采购订单"M1 的 1Q"

处，表示已向供应商发出采购订货，预订 2 个 M1 的原材料。

（二）固定资产

固定资产包括土地及厂房、生产设施、在建工程等，其中，土地及厂房在此实训中专指厂房，生产设施指生产线，在建工程指未建设完工的生产线。

1. 大厂房 40M

该模拟企业拥有一个价值 40M 的大厂房（新华厂区），请财务总监领取 4 个 10M 的现金筹码放置于大厂房"价值"处。

2. 机器和设备现有价值（现金）12M

企业拥有的 4 条生产线，扣除折旧，目前第 1 条手工线账面价值为 2M，第 2 条手工线账面价值为 3M，第 3 条手工线账面价值为 3M，第 4 条半自动线账面价值为 4M。请生产总监领取 12M（12 个 1M）的现金筹码，分别按 2M、3M、3M、4M 依次放置于四条生产线下方的"设备价值"处。生产线折旧信息如表 2-3 所示。

表 2-3 生产线折旧信息表

生产线	原值	已使用年数	已提折旧	净值
生产线 1（手工线）	5M	3	3M	2M
生产线 2（手工线）	5M	2	2M	3M
生产线 3（手工线）	5M	2	2M	3M
生产线 4（半自动线）	10M	3	6M	4M

（三）负债

1. 长期贷款 20M

该企业目前有长期贷款 20M，请财务总监领取 2 个 10M 的红色筹码，放置于长期贷款的"4Y"处。

2. 短期贷款 20M

该企业目前有短期贷款 20M，请财务总监领取 2 个 10M 的红色筹码，放置于短期贷款的"4Q"处。

3. 应交税费 3M

企业上一年按规定应交税金 3M，在下年度年初缴纳，此时在沙盘盘面上不做对应操作。

（四）所有者权益

所有者权益包括股东资本、以前年度利润、当年净利润等。股东资本是指股东的投资。以前年度利润是指历年积累下来的年度利润。当年净利润是指当年所实现的净利润。该企业的股东资本为 50M，以前年度利润为 4M，当年净利润为 7M。

本章小结

本章主要介绍了模拟企业的组织结构、企业的角色分工、企业的财务状况以及企业的经营环境，并给出了企业的初始状态。在此基础上，对经营企业的情况和市场进行了分析。其中，对市场的分析是本章的重点内容。

复习思考题

1. 分析企业经营环境的基础，思考你作为新的管理者应如何经营该企业。
2. 详细了解企业目前的初始状态，并布置沙盘盘面。

案例分析

一、华为与中国通信技术产业同进步

华为技术有限公司（以下简称华为）是一家民营企业，其 30 余年的成长史也是中国高科技产业的发展史。

1987 年成立的华为，身处通信行业发展的黄金阶段，那时候进入中国的世界通信设

备企业都是"百年老店"，彼时中国通信技术还在突破 1G 时代技术空白。在富士通、爱立信、西门子、北电、诺基亚这些巨头面前，刚踏入通信市场的华为如同一只蚂蚁。此时的华为分别从产品、资金和人才三个方面制定策略：从代理销售走向自主研发、开启员工持股计划、成立海内外研究院广纳英才。

1994~1998 年，华为处在市场复制期（中国通信技术也处于 2G 发展时期），自身研发实力有限，技术发展还是以引进为主，"狼性文化"是该时期华为的关键词。狼性文化具有敏锐性、团队性和不屈不挠性，在狼性文化的带动下，华为起草《华为公司基本法》，引入任职资格认证体系，并借鉴了《孙子兵法》的结构，从"道"开始，涵盖了公司宗旨、基本经营政策、基本组织政策、基本人力资源政策、基本控制政策、接班人与基本法修改六个方面。

3G 时代中国通信技术举步维艰，虽然通过 TD 芯片自主创新产业化让我国在世界通信领域有一次重大发声，实现了通信史上"零的突破"，但 3G 技术仍然以跟随国际巨头为主。1998~2011 年的华为，也处在管理规范期，"职业、规范"与"国际化、做强"是这个时期的关键词。1998 年任正非决定向国际巨头学习，尽可能如实地在公司内部复制业界最佳实践和制度。然而在企业发展的进程中，华为这种"精准复制"却忽略了知识产权区域。2003 年思科正式起诉华为及华为美国分公司，最终以和解告终。这为华为敲响了警钟，由此启动保护知识产权战略。也正是这个时期，华为在技术研发上也打破传统思维、破釜沉舟跳过 4G 技术的研发，自 2009 年开始着手 5G 研究。

通过规范化管理，华为从 2011 年起迈入生态联动期。该时期下，华为实现运营商业务（B2B 模式）、企业业务（B2B 模式）、消费者业务（B2C 模式）"三驾马车"并驾齐驱，并启动轮值 CEO 制，创立 2012 实验室，发布《华为公司人力资源管理纲要 2.0》，成立 Cloud & AI BG。进入生态联动期的企业，志向已经不是"做成"和"做大"，也不是"做强"，而是"做久"。企业通过构建生态的经营视角、重塑文化的组织视角、引进1% 人才的人才视角来实现生态联动。

经过十年如一日不懈的研发投入，华为成为业界唯一一家同时拥有最领先的 5G 网络、5G 芯片和 5G 手机的厂商，终于在 5G 时代将中国通信技术带到了新的高度。

（资料来源：https://baijiahao.baidu.com/s?id=1715990422592073198&wfr=spider&for=pc。）

思考： 面临国际局势和行业生态的不断变化，华为一次次迎难而上，不断调整企业发展战略、积极探索管理转型，逐步形成了具有自己特色、具有中国特色的民营企业。请你谈谈华为的成功与中国通信技术产业发展之间的关系。

二、京东与腾讯合作，是战略更是"生意"

2022 年 6 月 29 日晚间，京东集团在港交所发布的公告显示，京东已与腾讯控股重续为期三年的战略合作协议。事实上京东与腾讯之间已经有九年的战略合作关系，腾讯看中了京东的市场前景，占据了其 20% 的股份，京东之初已让腾讯赚取了巨额的利益。同时，京东也看中了腾讯在社交软件方面的优势和强项，依靠微信平台，获得了巨额的流量。现在，腾讯成为京东流量的保障。

根据京东年报，2021 年京东通过与腾讯的广告业务合作产生了 2.48 亿元的佣金服务收入，向腾讯提供的服务和销售产品产生了 5.53 亿元的收入，并购买了总额为 50.1 亿元的腾讯广告资源和支付处理服务（2019 年和 2020 年，此项数字分别为 22.2 亿元和 32.6 亿元）。

2019~2021 年京东的年度活跃买家数分别达到了 3.62 亿、4.72 亿、5.7 亿，净增用户数则分别为 5670 万、1.1 亿、9800 万，每年的新增用户中来自下沉市场的都占到 60% 左右。2022 年第一季度，京东的营收及 Non-GAAP 下的经营利润分别同比增长 18% 和 32.8%，均超过投行预期，是表现最好的本土互联网巨头之一。

在 2022 年的"618"活动中，京东"618"的重头戏之一是"京东 618 晚八点音乐会"，微信视频号是这场音乐会重要的直播阵地，在当晚获得了 1075 万的观看人数。同时，在微信视频号打造的首届"618 视频号直播好物节"中，京东旗下多个视频号账号参与其中。京东成交额也同比增长超 10% 达到了 3793 亿元，优于同行。

京东和腾讯双方在延续以往良好合作的基础上，对具体合作内容及领域作了进一步拓展深化，主要包括加强技术创新以及供应链服务等领域的合作。

在技术创新合作方面，京东和腾讯双方将依据各自优势，深化协作，加强在人工智能等领域的技术交流合作，共同打造具有世界领先地位的联合技术方案，共同提升面向未来的技术创新领导力。双方还拟在信息安全等领域创建联合技术实验室，开拓更多技术合作方向。

在供应链服务方面，京东作为以供应链为基础的技术与服务企业，将充分发挥自身供应链优势，为腾讯提供边缘计算、数智采购、工业互联、供应链金融、智能物流、C2M 产品创新等方面的服务。而腾讯则依靠自身的流量优势，通过旗下的社交应用为京东获取客户流量、实现用户增长。

同时，京东还将凭借优势技术能力参与"千帆计划"，助力我国"数实融合"进程。

（资料来源：http://www.southmoney.com/caijing/caijingyaowen/202206/28 297516.html，https://baijiahao.baidu.com/s?id=1737077347977034685&wfr=spider&for=pc。）

思考： 腾讯董事会主席兼首席执行官马化腾曾表示，目前产业竞争的主赛场正在由"单打"PK 逐渐变为"双打"比赛。实体产业的竞争不再是单打独斗，各个实体产业正在与信息产业结合，形成新搭档来参与竞争。请结合所学知识，站在企业可持续发展的角度谈谈京东与腾讯携手合作还有哪些利弊。

模拟运营规则

ERP 沙盘模拟是对虚拟企业经营的模拟，如同真实企业经营，需要面对复杂的环境，遵守各种规定，具备各种条件。为了运营方便，在模拟经营中将内外部环境简化为一系列的规则。

一、筹资

企业运营离不开资金，根据规定，如果出现现金断流，企业就要破产，因此要尽力保证企业在所有的经营季都有足够的现金。而模拟经营企业除了初始年有一定现金及资产用以支持企业经营外，随着时间的推移、企业的投入增加、产出的滞后，资金的压力会越来越大，这时就要事先考虑好怎么筹资。

（一）贷款类型及规则

（1）贷款总额（长期贷款＋短期贷款）≤上年所有者权益 ×2。

（2）短期贷款。每季度初开始，最长 4Q，2000 万元（20M）起贷，贷款金额为 20M 的整数倍，利息 5%，到期一次还本付息。

（3）长期贷款。每年末开始，最长 4 年，1000 万元（10M）起贷，贷款金额为 10M

的整数倍，利息 10%，每年末支付利息，到期还本并支付利息。

（4）高利贷。贷款开始时间不限（经营结束前），最长 4Q，500 万元（5M）起贷，盘面最高额度 80M，利息 20%，到期还本付息，高利贷在资产负债中记入"短期贷款"。

（5）还贷款的过程中，若利息不足 1M，按四舍五入法取整。

（二）贴现规则

贴现是指将未到期的应收账款提前变现，但应支付一定的费用，贴现比例如表 3-1 所示。

表 3-1　贴现比例

贴现时期	1Q	2Q	3Q	4Q
贴现比例	1：12	1：10	1：8	1：6

在表 3-1 中，若将 1Q 的 12M 应收账款贴现，可以得到现金 11M，另 1M 为贴现利息，要交给银行。在 ERP 沙盘模拟训练过程中，贴现与借高利贷可随时进行。

（三）出售资产规则

1. 变卖生产线规则

对于不用的生产线可以变卖，变卖前先计提当年折旧，然后按照生产线信息表（见表 3-2）中的"出售残值"的金额取得现金。生产总监将计提的折旧从生产线价值中取出放置于盘面的"折旧"处，剩余的净值放置于盘面费用计提区的"其他"处，按出售生产线残值的金额取回等额现金筹码放置于盘面现金区，记入企业的营业外收益，并将生产线从厂房移除。

表 3-2　生产线信息

生产线	购买价格	安装周期	搬迁周期	生产周期	转产周期	转产费用	维护费用	出售残值
手工线	5M	1Q	无	3Q	无	无	1M/年	1M
半自动线	10M	2Q	无	2Q	1Q	2M	1M/年	3M
全自动线	15M	3Q	1Q	1Q	2Q	6M	2M/年	6M
柔性线	25M	4Q	1Q	1Q	无	无	2M/年	10M

注：生产线可随时出售；生产线上有在制品时不允许变卖；生产线变卖时，将生产线和标识交还给裁判区。最后一年禁止变卖生产线。生产线不允许小组间相互买卖。

2. 变卖原材料规则

（1）若卖给银行，则按原价的 1/2 出售，直接转换为现金。

（2）若小组间相互转让，则售价相互协商。取得的净收入记入企业的营业外净收益。

3. 变卖产品规则

（1）若是按订单交货，则按订单规定的数量、金额、账期和交货期执行。

（2）若是小组间相互转让，则售价相互协商。取得的收入记入企业的销售收入。

组间交易举例：在第 3 年第三季度，A 小组（买方）向 B 小组（卖方）购买了 1 个 Beryl 产品，双方协定的价格是 5M。具体的业务操作如下：

1）B 小组（卖方）。首先，交付 1 个 Beryl 产品给 A 小组，收取现金 5M，放到现金池里；其次，记录组间交易明细表，如表 3-3 所示；最后，在年末记账时，5M 记入利润表的销售收入，成本记 2M。

表 3-3　组间交易明细（一）

项目编号	季度	买 / 卖	产品	数量	金额	备注
1	3	卖	Beryl	1	5M	

2）A 小组（买方）。首先，从 B 小组收到 1 个 Beryl 产品，并支付现金 5M；其次，记录组间交易明细表，如表 3-4 所示；最后，在年末记账时，若买来的 Beryl 直接卖掉了，按卖掉的价格记入利润表的销售收入，成本记 5M，若买来的 Beryl 没有卖掉，还在成品库，则在资产负债表的"产成品"项计 5M。

表 3-4　组间交易明细（二）

项目编号	季度	买 / 卖	产品	数量	金额	备注
1	3	买	Beryl	1	5M	

4. 变卖、抵押厂房规则

（1）厂房可以随时出售，但需通过一定的应收账期才能收到现金。对于厂房出售收入，法华直接转换为现金，上中记入 1Q 应收账款，新华记入 2Q 应收账款。如表 3-5 所示。厂房出售后转租，每年交纳租金，不足一年的按季度计算租金，从租用的当季开始计算。

（2）厂房可以抵押给银行，抵押期为 4 年。记作长期贷款，年末付利息。

表 3-5　厂房信息

厂房	购价	租金	售价（账期）	容量
新华	40M	6M/ 年	40M（2Q）	4 条生产线
上中	30M	4M/ 年	30M（1Q）	3 条生产线
法华	15M	2M/ 年	15M（现金）	1 条生产线

二、投资

企业投资主要包括厂房购买或租用、生产线建设、产品研发、ISO 认证、企业并购等。

（一）厂房购买或租用规则

ERP 沙盘模拟训练提供的厂房信息如表 3-5 所示。

（1）厂房包括新华（大）、上中（中）、法华（小）三类，可在年底决定购买或租用厂房。

（2）购买厂房后，将购买价（现金）放在厂房价值处，厂房不提折旧。

（3）可以随时租赁厂房，年末支付厂房的租金，筹码放在综合费用区的"租金"位置。

（二）生产线建设规则

生产线包括手工线、半自动线、全自动线、柔性线四种类型，其价格、安装周期依次增加，但其生产周期相应缩短，各有优势。生产线建设规则如下：

1. 新建生产线

（1）从教师处取回"生产线"，正面向下放入盘面厂房空闲的生产线安装位置。

（2）按照安装周期分期进行投资建设，如新建半自动线，将现金按两个安装周期分期放在半自动线上，第 1 期放 5M，第 2 期放 5M，第 3 期建设完成可以立即投入使用。其中柔性线投资为第 1~3 期各 6M、第 4 期 7M。

（3）安装完成后，将"生产线"反转过来，上面的现金筹码移入"设备价值"，同时记入资产负债表中的"机器设备净值"项目。

（4）年末做账时，未完工的生产线按投资金额记入资产负债表中的"在建工程"项目。

2. 生产线转产（生产线改造）

转产是指生产线转向生产另外一种产品。具体规则如下：

（1）对要转产的生产线停产，生产线必须空闲。

（2）按表 3-2 中的转产周期和转产费用进行改造。例如，改造 1 条全自动线（该线生产 Beryl，改造后生产 Crystal），其转产期为 2Q，转产费用 6M。改造时，第 1 期放 3M 到盘面综合费用区的"改造费"处，第 2 期再放 3M 到"改造费"处。

（3）改造完成后，将生产线的产品标识更换成新的产品标识。

（4）手工线和柔性线可随时改变生产产品的类型，不需要进行设备改造。

（三）产品研发、ISO 认证规则

1. 产品研发

ERP 沙盘模拟训练中，Beryl、Crystal、Ruby、Sapphire 四种产品的研发信息如表 3-6 所示。

表 3-6　产品研发信息

产品研发	Beryl	Crystal	Ruby	Sapphire
研发时间	无	4Q	6Q	8Q
每季度投资额	无	1M	2M	2M
总投资额	无	4M	12M	16M

（1）产品研发在每个季度投入，分期分次投入。例如，研发 Crystal 产品，每次投入 1M，需要投入 4 个季度，共投入 4M。

（2）产品研发技术可以转让，转让价格≥产品研发费用。

2. ISO 认证

ERP 沙盘模拟训练中，提供了 ISO 9000 认证和 ISO 14000 认证，如表 3-7 所示，ISO 认证在年末投入。

表 3-7　ISO 认证信息

质量认证体系	ISO 9000	ISO 14000
建立时间	1 年	2 年
每年投资额	1M	1M
总投资额	1M	2M

（四）企业并购规则

当出现企业破产时，其他小组可以并购。并购方式有下列两种：

（1）注资。注资金额弥补破产小组当年所有者权益，被并购企业独立运营。股权比率为注资金额 ÷（注资金额 + 总资产）。

（2）合并。注资金额≥破产小组一年内到期的负债额，集团企业独立运营。

三、生产管理

企业生产管理主要包括产品结构、原材料采购规则、生产线生产规则等。

（一）产品结构

Beryl、Crystal、Ruby、Sapphire 四种产品的产品结构如图 3-1 所示。

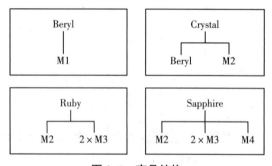

图 3-1　产品结构

Beryl 的原材料是 1 个 M1。

Crystal 的原材料是 1 个 Beryl（Beryl 是 Crystal 的半成品，必须从"Beryl 成品库"中领用）和 1 个 M2。

Ruby 的原材料是 1 个 M2 和 2 个 M3。

Sapphire 的原材料是 1 个 M2、2 个 M3 和 1 个 M4。

（二）原材料采购规则

（1）原材料包括 M1、M2、M3、M4 四种，其采购成本均为 1M。

（2）原材料需要提前订货，其中 M1、M2 的采购提前期为 1Q，M3、M4 的采购提前期为2Q。

（3）根据采购订单接收相应原材料入库，并按规定支付现金或记入应付账款。一次同时采购入库达到表3-8中规定的数量，可采用对应账期的应付账款，原材料入库的时候计算账期，在途期间不计算账期。

表3-8　原材料采购信息

原材料采购量	应付账期
≤ 4 个	现金
5~8 个	1Q
9~12 个	2Q
13~16 个	3Q
≥ 17 个	4Q

（三）生产线生产规则

（1）开始生产时，按产品结构要求将原材料放在生产线上并支付加工费，不同生产线生产不同产品的加工费如表3-9所示。

表3-9　加工费用

产品	手工线加工费	半自动线加工费	全自动线加工费	柔性线加工费
Beryl	1M	1M	1M	1M
Crystal	2M	1M	1M	1M
Ruby	3M	2M	1M	1M
Sapphire	4M	3M	2M	1M

（2）空生产线才能上线生产，一条生产线在同一时刻只能生产一种产品。

（3）上线生产必须有原材料，否则只能停工待料。

（四）外协加工规则

小组间可以采用材料加工、完全外包加工等方式生产，价格由双方协商。

四、营销管理

企业经营的目的是满足市场需求，也就是获取订单、组织生产、交付产品、赚取利润。因此，谁赢得市场，谁就可能赢得竞争。

（一）市场开发规则

（1）市场包括本地市场、区域市场、国内市场、亚洲市场、国际市场。企业在初始年只能在本地市场经营，进入其他市场需要投入不同的费用及时间，如表3-10所示。资金短缺时可随时中断或终止投入，只有市场投入全部完成后方可接收订单。

表 3-10 市场开拓信息

市场	每年投资额	开拓时间	全部开拓费用
本地	无	无	无
区域	1M	1 年	1M
国内	1M	2 年	2M
亚洲	1M	3 年	3M
国际	1M	4 年	4M

（2）市场开拓在年末投入，可同时开拓多个市场。

（二）订单争取规则

1. 订单选取前提

（1）市场开发完毕后，第2年初才能竞争该市场的订单；

（2）ISO认证完毕后，第2年初才能竞争ISO的订单；

（3）某产品研发完毕，第2年初才能竞争该产品的订单；

（4）每年初进行订单发放；

（5）年末如果有未按时交货的订单，将影响下一年排名；

（6）当年在某个市场某个产品没有广告投入就没有排名（即使上一年排名第一），即不能获取订单。

2. 订单选取排名

根据市场地位、产品广告投入、市场广告投入、市场需求及竞争情况进行订单选择。

（1）广告投入排名。某个产品按广告投入排名（适用于第1年、新产品、新进入的市场），按顺序选取订单。如果有剩余订单，广告投入越多，获取订单的机会越多，如投入1M，有获取1个订单的可能；每增加投入2M，有再获取1个订单的可能。每年初由营销总监填写竞标投入单，如表3-11所示，决定广告的投入数量。

（2）销售第一原则。某个小组某个产品在上一年销售额第一，本年度该产品广告投入≥1M，第一个选订单；其他组再按照广告投入多少排名，选择订单。

表3-11　竞标投入单

年度	市场	Beryl	Crystal	Ruby	Sapphire
第N年	本地				
	区域				
	国内				
	亚洲				
	国际				

（3）投入最大原则。同一市场，两个小组在某个产品上的广告投入一样，将按照在该市场的总投入排名选择订单，排名在前的，先选择订单。

（4）竞标。当小组排名相同时，需要竞标。

3. 选单规则

（1）排名在前的，先选择订单，每次一张，可弃权；

（2）排名相同的小组，一起选择订单，如看中同一张订单，则需要竞标；

（3）限时选择订单，超时自动弃权；

（4）订单一旦选定，不能退回；

（5）一轮选完，如果有剩余订单，再按照排名继续选。

（三）订单交货规则

第一，销售订单。销售订单按规定的交货期交货，不能提前交货，订单不能拆分交货。

第二，加急订单。加急订单一个季度后交货。

第三，无法按时交货。每延期一个季度交货，罚款订单金额的 1/5，在最后交货时从货款中扣除；同时取消本年度销售额排名第一的资格，若遇跨年，则取消订单。

第四，交货后，按订单上的账期放入盘面"应收账款"对应季度处。

五、综合费用及税金

企业要正常经营必须用现金支付各种费用，如税金、贴现利息、利息、折旧等。

（一）综合费用

综合费用包括行政管理费、广告费、生产线维护费与改造费、厂房租金、其他费用（市场开拓费用、ISO 认证费用、产品研发费用、产品加工费用）。

1. 行政管理费

行政管理费每个季度 1M。

2. 生产线维护费

不同生产线的维护费用如表 3-2 所示。
（1）生产线只要投产，则需按年度缴纳维护费用。
（2）生产线当年即使没有生产，也要缴纳维护费用。

3. 厂房租金

如表 3-5 所示，厂房租金分别为新华 6M/ 年、上中 4M/ 年、法华 2M/ 年。

4. 市场开拓费用

如表 3-10 所示，市场开拓费用均是 1M/ 年，需要的时间为区域市场 1 年、国内市场 2 年、亚洲市场 3 年、国际市场 4 年。

5. ISO 认证费用

如表 3-7 所示，ISO 认证费用均是 1M/ 年，需要的时间为 ISO 9000 1 年、ISO 14000 2 年。

6. 产品研发费用

如表 3-6 所示，产品研发费用按每季度支付，Crystal 为 1M/季度（需要投入 1 年时间）、Ruby 为 2M/季度（需要投入 1.5 年时间）、Sapphire 为 2M/季度（需要投入 2 年时间）。

（二）生产线折旧

折旧是对生产线的损耗程度进行补偿的方法。生产线由于损耗而减少的价值就是生产线的折旧，生产线折旧信息如表 3-12 所示。

表 3-12　生产线折旧信息

生产线	购置费	折旧额（从建成使用后计算）					
		第 1 年	第 2 年	第 3 年	第 4 年	第 5 年	第 6 年
手工线	5M	0	1M	1M	1M	1M	1M
半自动线	10M	0	2M	2M	2M	2M	2M
全自动线	15M	0	3M	3M	3M	3M	3M
柔性线	25M	0	5M	5M	5M	5M	5M

（1）按 5 年平均计提折旧，设备价值折完后不再计提。

（2）生产线建成第一年不计提折旧。

（3）生产线变卖当年需计提折旧。

（4）生产线净值折完后，依然可以使用。如果出售，可以取得残值收入，如表 3-2 所示。

（三）税金

（1）根据损益表中的每年利润总额先弥补以前年度亏损，超出部分需要缴纳所得税，所得税税率为 25%，企业所得税税率会随着税制改革变动，读者可自行决定。具体计算方法参见表 3-18。

（2）每年所得税计入应交税金，在下一年度初缴纳。

（四）利息

（1）利息在损益表的财务净损益中体现。

（2）短期贷款的利息率为 5%，到期还本付息。

（3）长期贷款的利息率为 10%，年底付息，到期还本付息。

（4）高利贷的利息率为 20%，到期还本付息。

六、运行记录

运行记录主要包括每年的任务清单、销售订单登记表、现金流量表、财务报表（资产负债表、综合管理费用明细表、利润表）。

（一）任务清单

主要根据任务的完成程度，在完成部分打钩确认，如表 3–13 所示。

表 3–13　任务清单

每年初	第一季度	第二季度	第三季度	第四季度
（1）支付应付税（根据上年度结果）	☐			
（2）支付广告费	☐			
（3）登记销售订单	☐			
每个季度				
（1）申请短期贷款、更新短期贷款、还本付息	☐	☐	☐	☐
（2）更新应付账款、归还应付账款	☐	☐	☐	☐
（3）更新原材料订单、原材料入库	☐	☐	☐	☐
（4）下原材料订单	☐	☐	☐	☐
（5）更新生产、完工产品入库	☐	☐	☐	☐
（6）投资新生产线、生产线改造、变卖生产线	☐	☐	☐	☐
（7）开始下一批生产	☐	☐	☐	☐
（8）产品研发投资	☐	☐	☐	☐
（9）更新应收账款、应收账款收现	☐	☐	☐	☐
（10）按订单交货	☐	☐	☐	☐
（11）支付行政管理费	☐	☐	☐	☐
每年末				
（1）申请长期贷款、更新长期贷款、支付利息				☐
（2）支付设备维护费				☐
（3）支付租金、购买厂房				☐
（4）折旧				☐
（5）新市场开拓投资、ISO 认证投资				☐
（6）编制报表（关账）				☐

注：深色部分为当前不可用，下同。

（二）订单

ERP 沙盘模拟训练中，设计的销售订单如图 3-2 所示。

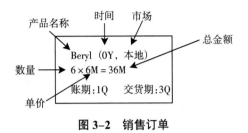

图 3-2　销售订单

订单中反映了订单的产品名称、时间、市场、数量、单价、总金额、交货期和账期的信息，根据订单的获取及交付情况据实填写销售订单登记表，如表 3-14 所示。

表 3-14　销售订单登记表

项目	1	2	3	4	5	6	合计
市场							
产品名称							
账期							
交货期							
单价							
订单数量							
订单销售额							
成本							
毛利							

（三）现金流量表

根据现金的收支情况据实填写现金流量表，如表 3-15 所示。

表 3-15　现金流量表

项目	1Q	2Q	3Q	4Q
应收账款到期（＋）				
变卖生产线（＋）				

续表

项目	1Q	2Q	3Q	4Q
变卖原材料/产品（＋）				
变卖厂房（＋）				
短期贷款（＋）				
高利贷（＋）				
长期贷款（＋）				
收入总计				
支付上年应交税				
广告费				
贴现费用				
归还短贷及利息				
归还高利贷及利息				
原材料采购支付现金				
成品采购支付现金				
设备改造费				
生产线投资费用				
加工费用				
产品研发费用				
行政管理费				
长期贷款及利息				
设备维护费				
租金				
购买新建筑费用				
市场开拓投资				
ISO 认证投资				
其他费用				
支出总计				
现金余额				

（四）财务报表

1. 资产负债表

以起始年为例，如表 3-16 所示。

表 3-16　资产负债表

单位：百万元

资产	年初数	期末数	负债及所有者权益	年初数	期末数
流动资产：			负债：		
（1）现金	24	盘点现金	（1）短期负债	20	盘点短期贷款
（2）应收账款	14	盘点应收账款	（2）应付账款	0	盘点应付账款
（3）原材料	2	盘点原材料库中原材料	（3）应交税金	3	利润表中的所得税
（4）产成品	6	盘点成品库中成品	（4）长期负债	20	盘点长期贷款
（5）在制品	6	盘点生产线上在制品			
流动资产合计	52	（1）+（2）+（3）+（4）+（5）	负债合计	43	（1）+（2）+（3）+（4）
固定资产：			所有者权益：		
（6）土地建筑净值	40	盘点厂房价值之和	（5）股东资本	50	与上年相同
（7）机器设备原价	12	盘点设备净值之和	（6）以前年度利润	4	（6）+（7）
（8）在建工程	0	盘点在建备价值之和	（7）当年净利润	7	损益表中的净利润
固定资产合计	52	（6）+（7）+（8）	所有者权益合计	71	（5）+（6）+（7）
资产总计	104	流动资产+固定资产	负债及权益总计	104	负债+所有者权益

注：①应交税金期末数等于利润表当年"所得税"金额；②以前年度利润的期末数等于以前年度利润期初数加上当年净利润期初数；③期初数根据上年期末数填列。

2. 综合管理费用明细表及利润表

以起始年为例，如表 3-17 和表 3-18 所示。

表 3-17　综合管理费用明细表

项目	金额（备注）
（1）行政管理费	盘面中的行政管理费
（2）广告费	盘面中的广告费
（3）设备维护费	盘面中的设备维护费
（4）设备改造费	盘面中的设备改造费
（5）租金	盘面中的租金
（6）产品研发费	盘面中的产品研发费

续表

项目	金额（备注）
（7）市场开拓费	盘面中的市场开拓费
（8）ISO 认证费	盘面中的 ISO 认证费
（9）其他费用	盘面中的其他费用
合计	（1）+（2）+（3）+（4）+（5）+（6）+（7）+（8）+（9）

表 3-18　利润表

单位：百万元

项目	上一年	本年（备注）
一、销售收入	40	订单记录表中的订单销售额
减：成本	17	订单记录表中的成本
二、毛利	23	（1）-（2）
减：综合费用	8	综合管理费用明细表的合计
折旧	4	盘点折旧
财务净损益	1	盘点利息及贴现
三、营业利润	10	（3）-（4）-（5）-（6）
加：营业外净收益	0	其他收入
四、利润总额	10	（7）-（8）
减：所得税	3	利润总额 × 25%
五、净利润	7	（9）-（10）

注：财务净损益指利息、贴现费用等。营业外净收益指变卖原材料、生产线等的净收入。所得税计算：盈利时，按当年利润的 25% 计算，下一年初缴纳；若以前年度有尚未弥补的亏损，则先用税前利润补亏；当企业弥补历年亏损而盈利之后，所得税的计算公式如下：所得税 =（税前利润 + 前五年净利润之和）× 25%。

七、竞赛评比及扣分规则

（一）比赛规则

第一，中途不允许退赛和故意扰乱比赛，违规者以取消比赛资格处理。

第二，比赛过程中除允许小组间相互查看盘面情况的时间外，不允许随意查看其他组的经营状况，不允许采取各种方式扰乱其他组的经营现状（如改动盘面），否则直接取消比赛资格。

第三，在规定的时间内未完成经营的小组，自动淘汰出局。

第四，若出现现金断流或权益为负则宣告破产，该组自动淘汰出局。

（二）扣分规则

第一，财务报表必须真实，严禁假账，违规一次，扣除 0.5 分。

第二，只允许小组间进行产品及原材料交易，不允许进行其他小组间交易，包括生产线、订单转让，违规一次，扣除 0.5 分。

第三，在规定可以查看其他队伍的经营状况的时间内，每个队伍不允许遮掩或改变自己的盘面以影响其他队伍查看，违规一次，扣除 0.5 分。

第四，必须按照操作顺序进行，不能私自修改顺序。裁判对此进行监督，发现违规并不听劝阻者，违规一次，扣除 0.2 分。

第五，每年末应按时提交财务报表，到时系统会自动切换到下一年，如果财务报表不平，由裁判强行做平，扣除 0.5 分。

第六，如果发现没有按照经营规则运营，违规一次，扣除 0.2 分。

第七，原材料、成品等标识必须按照规定位置摆放，不能混用，违规一次，扣除 0.2 分。

第八，投入广告费用不允许超过盘面现金，违规一次，扣除 0.2 分。

八、总成绩计算规则

第一，按总积分排名或按最后一年所有者权益从高到低依次排名。

第二，总积分 = 所有者权益 ×（1+ 企业综合发展潜力系数），企业综合发展潜力系数如表 3-19 所示。

第三，若出现现金断流或权益为负则宣告破产，由裁判视情况进行注资，中途不允许退赛和故意扰乱赛场。

表 3-19　综合发展潜力系数

序号	项目	综合发展潜力系数
01	大厂房	+0.2/ 厂房
02	中厂房	+0.15/ 厂房
03	小厂房	+0.1/ 厂房
04	手工线	+0.05/ 条
05	半自动线	+0.1/ 条
06	全自动线	+0.15/ 条
07	柔性线	+0.2/ 条
08	区域市场开发	+0.1
09	国内市场开发	+0.15
10	亚洲市场开发	+0.2

续表

序号	项目	综合发展潜力系数
11	国际市场开发	+0.25
12	ISO 9000 认证	+0.10
13	ISO 14000 认证	+0.10
14	产品开发 C（Crystal）	+0.1
15	产品开发 R（Ruby）	+0.15
16	产品开发 S（Sapphire）	+0.2
17	本地市场地位	+0.15/ 最后一年市场第一
18	区域市场地位	+0.15/ 最后一年市场第一
19	国内市场地位	+0.15/ 最后一年市场第一
20	亚洲市场地位	+0.15/ 最后一年市场第一
21	国际市场地位	+0.15/ 最后一年市场第一
22	高利贷扣分	−0.2/5M（未还）
23	其他扣分	

本章小结

要经营好模拟企业，就必须熟悉规则，只有充分利用规则，才能游刃有余。学习规则比较枯燥，但只有懂得规则，才能在经营中做到胸有成竹，随时根据经营环境的变化进行及时的应对。如果不熟悉规则，是没办法做好企业的模拟经营的。需要注意的是，规则与实际情况是有差别的，因此不要在规则上纠缠。

复习思考题

1. ERP 沙盘模拟实训中，筹资的种类及规则是什么？

2. ERP 沙盘模拟实训中，投资的种类及规则是什么？

3. ERP 沙盘模拟实训中，生产线的种类及建设规则是什么？

4. 在 ERP 沙盘模拟实训中，如何进行费用的计提和财务报表的填制？

案例分析

一、财务造假损害投资者利益　股票退市不等于责任可逃

2016年12月至2018年5月，东方金钰股份有限公司为完成营业收入、利润总额等业绩指标，虚构翡翠原石销售和采购交易，导致2016年年报、2017年年报和2018年半年报虚增营业收入、营业成本、利润总额、应收账款合计占当年合并利润表上利润总额的29.60%、59.70%和211.48%，严重扰乱了证券市场秩序，损害了投资者利益。

2020年4月24日和8月7日，中国证监会官网通报了部分财务造假影响恶劣、严重破坏市场诚信基础的案件，两次都点名到了该公司。同年9月7日，中国证监会对该公司以及相关责任人出具了《行政处罚决定书》和《市场禁入决定书》。

2021年2月5日，中证中小投资者服务中心（以下简称投服中心）支持投资者并委派公益律师向深圳市中级人民法院提交立案材料，经诉前联调，于4月20日正式立案。

2020年12月31日，沪深交易所分别正式发布退市新规，明确股票收盘价在新规施行前后连续低于1元且触及终止上市标准的，按照原规则进入退市整理期交易。

2021年1月13日，东方金钰因股票连续20个交易日的每日收盘价均低于股票面值（1元），被上交所决定终止股票上市。3月17日，曾经的"翡翠第一股"正式谢幕，成为2021年A股退市第一股。

至此，公司股价距2015年7月顶峰时的20.46元/股已连续下跌6年，跌至0.16元/股，跌幅逾99%，市值蒸发近300亿元。且截至退市时，公司股东户数仍有约5.8万户。

而该案的指向性意义也在于此。投服中心的相关负责人表示，退市并不意味着违法违规责任可以"一退了之"。新的退市制度改革特别强调，要加强相关司法保障，坚持法治导向，坚持应退尽退，对严重违法违规、严重扰乱资本市场秩序的公司坚决出清，对相关责任人严肃追责。

《诗经·沔水》序郑玄笺云："规者，正圆之器也。"规是用来衡量万物圆曲、使万物圆全的，所以慢慢被赋予了法度、准则之义，如《说文解字》直言："规，有法度也。"矩作为度量事物方正的工具，逐渐引申出了标准、准则的含义。《荀子·礼论》记载，"规矩诚设矣，则不可欺以方圆"，《吕氏春秋》中说"欲知平直，则必准绳；欲知方圆，则必规矩"，讲规矩、守规矩是中华民族千年来的共同行为规范和道德修养。不以规矩，不能成方圆。对一个企业来讲，更是应该树立规矩意识，严格遵守市场的秩序，维护投资者的合法权益，以此促进市场稳定发展。

（资料来源：https://xw.qq.com/cmsid/20210430A00NCS00。）

思考：请大家分析企业产生违法违纪行为的原因？有何对策？在沙盘模拟经营中，你和你的团队是怎样做到遵规守纪的？

二、知名企业不履约，赔偿损失 595 万元

日前，贵州贵遵律师事务所成功代理了一起合同纠纷案，上海某知名企业因不严格履行招商引资合同，从而承担损失赔偿 595 万元。

据介绍，2015 年 5 月 7 日，上海某知名企业（以下简称上海公司）与遵义某公司签订了《软件合作项目招商引资合同》，利用该公司与全球最大的企业级软件公司的资源优势，在贵州设立人才产业基地，并成立全资子公司负责运行。其间，遵义某公司出资一部分，上海公司出资一部分，进行了相关合作和共建。但是，上海公司却未专款专用，也未严格履行合同义务，致使企业生产总值、创税情况、就业情况等均达不到合同约定的基本要求，构成严重违约。

2022 年 1 月 12 日，遵义某公司委托贵州贵遵律师事务所进行诉讼代理。贵州贵遵律师事务所及时成立了专项法律服务工作小组，组织律师前往上海开展实地调查，并依法提起诉讼，申请法院查封和保全了该公司银行账户。后上海公司提出调解，并自愿赔偿遵义某公司各项损失及违约金共计 595 万元。至此，该案代理完毕，上海公司已经履行协议兑现首批赔偿款 180 万元。

对此，贵州贵遵律师事务所友情提示：招商引资政策虽好，履行合同必须牢靠，奖励扶助要算成本，国有资金不容亏损。若企业只是为了获取更多的奖励扶助等政策优惠，从而不严格履行合同义务，最终仍然面临损失赔偿、违约赔偿。天下没有白吃的午餐，企业只有实干苦干，创造价值，兑现承诺，履行合同，方能行稳致远。

（资料来源：https://www.baidu.com/link?url=yE3szBSVl-9_KyXzzBRq9ds NwXWUB IQDcyGX2MEWLSLPF4Y4kapHr3JEQRcy0XdIP0fS4iW4I21YQk1LHtSNY5IeEQMFnyV-gW953PuE4Te&wd=&eqid=f5ed7e170003c20b00000006 63146597。）

思考：诚信是企业经营过程中重要的道德标准，是创业的"安全阀"，你们在企业沙盘模拟运营过程中有遇到对方企业不守信的情况吗？是如何应对的？

第四章

模拟运营实战

【本章学习目标】

1. 了解企业实际生产经营的基本流程和需要解决的问题。

2. 掌握各种表格编制的原理与方法。

3. 掌握模拟运营的基本流程，理解运营中各个步骤的决策方法与原理，并能运用到决策中。

一、运营工作内容

企业每个年度运营之前，首先由 CEO 组织召开经营会议，各角色预测相关数据并将其填入表格，提出各部门当年计划，然后根据模拟企业的发展战略，结合以前年度经营中的经验和存在的问题，讨论确定本年度重要决策和经营计划，包括资金（融资）计划、原材料采购计划、产品投产计划、生产线投资计划、订单执行计划、市场开拓计划、产品研发计划、企业合作计划、广告投入计划等，并将计划细分到年初、每个季度及年末，填入经营计划表，形成会议记录。运营工作根据经营计划表及任务清单的步骤进行，运营内容涉及年初、日常运营及年末工作等。下面介绍运营工作的基本流程以及涉及的相关表格填制的原理与方法。

（一）年初工作

1. 支付上年应付税款

根据上年度资产负债表中"应交税金"项目的"期末数"，财务总监从现金中拿出相应金额放在沙盘盘面"税金"位置。

2. 支付当年广告费

（1）确定当期广告投入数量。支付本期广告支出前，应综合考虑各种因素，确定当期广告投入数量。生产总监预估每条生产线（包括在用的和本期建成可以投入使用的）本期产能，填入产能预估表，并汇总计算各个季度各种产品的存量，结合本年度取得的订单，计算填列产品库存量预估汇总表；营销总监分析已开拓市场的市场预测资料以及以前年度各模拟企业的市场占有情况，确定本期销售的目标市场和广告投入量，填入竞标投入单（见表 3-11）。详细分析参见第五章第二节和第三节内容。

（2）支付当年广告费。财务总监根据经营计划确定的广告投入金额，从现金中拿出相应金额放在费用计提区"广告费"位置。

3. 登记销售订单

根据预计的各种产品各期的库存量选择订单，登记到销售订单登记表（见表 3-14）中，计算成本及毛利，将订单放置到沙盘盘面订单区指定位置。

（二）日常工作

每个季度根据年初讨论的主要决策，按以下步骤运营：

1. 申请短期贷款、更新短期贷款、还本付息

（1）申请短期贷款。根据年初制定的经营计划、本年度取得的销售订单、盘面情况等，编制现金预算表（见表 4-1），据此确定短期贷款的数量及期限，财务总监将借得的现金、短期贷款筹码分别放置于现金池和短期贷款对应位置。

表 4-1　现金预算表

项目	第一季度	第二季度	第三季度	第四季度
期初现金（+）				
变卖生产线（+）				
变卖原材料（+）				
变卖厂房（+）				
应收账款到期（+）				
支付上年应交税				
广告费投入				
贴现费用				
利息（短期贷款）				

续表

项目	第一季度	第二季度	第三季度	第四季度
支付到期短期贷款				
原材料采购支付现金				
转产费				
生产线投资				
生产费用				
产品研发投资				
支付行政管理费				
利息（长期贷款）				
支付到期长期贷款				
维修费用				
租金				
购买新建筑费用				
市场开拓投资				
ISO 认证投资				
其他费用				
现金余额				
需要新贷款				

（2）更新已有的短期贷款。财务总监将已有的短期贷款筹码向现金区移动 1 个周期。

（3）还本付息，即偿还到期的短期贷款及利息。财务总监用现金归还当期到期的短期贷款本金（将现金和负债筹码交给老师），从现金中取出应归还的利息放置于沙盘盘面费用计提区"利息"位置。

2. 更新应付款、归还应付款

（1）更新应付款。财务总监将负债区应付账款向现金区方向移动 1 个周期。

（2）归还应付款。财务总监从现金中取出到期的应付款数额，与应付账款筹码一起交给老师。

3. 更新原材料订单、原材料入库

（1）更新原材料订单。采购总监将原材料订单区的订单向原材料区方向移动 1 个周期，如原材料订单在 2Q 位置，就将其移动到 1Q 位置。

（2）原材料入库。对于已到期的原材料订单（当期在 1Q 上的原材料订单），由采购总监向财务总监申请获得现金（根据实际采购数量也可以使用应付账款，具体参见第三

章模拟运营规则），用现金和订单买回原材料，放到沙盘盘面原材料区指定原材料仓库。

4. 下原材料订单

（1）确定各种原材料需要下的订单数。首先根据各条生产线的产出计划和投产计划确定每条生产线各期生产需要的各种原材料数量，其次根据上述计算结果确定采购时间及数量（具体计算方法参见第五章第三节内容），最后将计算结果填入原材料采购计划汇总表（见表4-2）。

表 4-2　原材料采购计划汇总表

原材料	第一季度	第二季度	第三季度	第四季度
M1				
M2				
M3				
M4				

（2）下订单。生产总监每个季度根据表4-2确定的各期采购的数量，拿回相应原材料的订单筹码放到沙盘盘面的原材料订单区指定原材料名称的位置。

5. 更新生产、完工产品入库

（1）更新生产。由生产总监将生产线上的在产品向成品库方向移动1个周期，如当前在产品在手工线第1期位置，更新生产时就将其移动到第2期位置。

（2）完工产品入库。生产总监将下线的产品移动到沙盘盘面的成品库区指定产品名称位置，如当前在产品Beryl在手工线第3期位置，完工入库时就将其移动到成品库Beryl区位置。

6. 投资新生产线、生产线改造、变卖生产线

（1）投资新生产线。生产总监根据企业战略规划提出生产线建设方案，并进行生产性投资的可行性论证，根据论证结果确定生产线类型（参见第三章模拟运营规则）。

选择好生产线以后，按相关数据要求由生产总监向老师购入生产线并将其放置到沙盘盘面厂房及生产线区（安装好以前反面向上），并按安装周期分期向财务总监取得现金，然后将其放置到对应生产线上。安装好以后，即可投入生产。

（2）生产线改造。除柔性线和手工线可以加工任意产品以外，其他生产线在建设时需要确定生产产品的名称。各种生产线若要转产其他产品，则需要停产改造，并支付相关费用。生产总监将要改造的生产线停产相应周期，从现金中取出相应的改造费用放置于沙盘盘面的费用计提区"转产费"位置，并改换生产产品的名称。

（3）变卖生产线。对于不用的生产线可以变卖，变卖前先计提当年折旧，然后按照生产线信息（见表3-2）中的"出售残值"的金额取得现金。生产总监将计提的折旧从生产线价值中取出放置于盘面的"折旧"处，剩余的净值放置于盘面费用计提区的"其他"处，按出售生产线残值的金额取回等额现金筹码放置于盘面现金区，计入企业的营业外收益，并将生产线从厂房移除。

7. 开始下一批生产

生产线空出以后，不需要改造或变卖的生产线可以继续用于相应产品的生产。生产总监按产品结构图（见图3-1）和产品加工费用表（见表3-9）分别从原材料区和现金区取得原材料和现金放置于生产区对应生产线的第1个生产周期。

8. 产品研发投资

技术总监根据战略规划分析各种产品的获利能力、市场前景及竞争情况等，确定未来研发的产品。根据经营计划，从现金区取得现金放到产品开发区对应产品位置，在Crystal的研发中每季度投放一个筹码，放满4个则研发成功，在Ruby和Sapphire的研发中每季度需要投放两个筹码，放满则表示研发成功。研发成功后可以正式投产。

9. 更新应收账款、应收账款收现

财务总监每个季度将盘面"应收账款"区的应收账款向现金区移动1个周期，原来在1Q的直接放到现金区。

10. 按订单交货

每个季度由营销总监确定订单执行计划，根据表3-14登记的订单从成品库取得对应产品按时交货，并按订单上的金额取得现金或应收账款，放在盘面的现金区或应收账款区对应账期。

11. 支付行政管理费

各个季度由财务总监从现金区拿出现金1M放置于盘面的行政管理费区对应季度。

（三）年末工作

1. 申请长期贷款、更新长期贷款、支付利息、到期还本付息

（1）申请长期贷款。根据企业战略规划、年初制订的经营计划和各种预算确定长期贷款的数量及期限，财务总监将借得的现金、长期贷款筹码分别放置于盘面现金区和贷款区"长贷"对应位置。

（2）更新长期贷款。财务总监将已有的长期贷款筹码向现金区移动，如将当前处于 4Y 位置的筹码移动到 3Y 位置。

（3）支付利息。财务总监计算当期应支付的长期贷款的利息（包含当期到期的贷款利息），从现金区取出应归还的利息放置于盘面的"利息"处。利息计算公式如下：

当年应支付的长期贷款利息 = 年初长期贷款金额 × 10%

（4）到期还本付息。对于当前处在 1Y 的长期贷款，即长期贷款到期，需要偿还本金和支付利息。由财务总监从现金区拿出对应的金额，与长期贷款筹码一起交与老师，并从现金中取出对应的利息额放在盘面"利息"处。

2. 支付设备维护费

财务总监按照各种生产线信息表（见表 3-2）汇总计算当期应支付全部在用生产线的维护费用，从现金区取出相应金额放置到盘面的"设备维修费"指定位置。

3. 支付租金、购买厂房

生产总监根据战略规划决定购入或租用厂房；财务总监根据厂房信息（见表 3-5）确定租入厂房应付租金数量或购入厂房的售价，并从现金区取出相应金额放置到盘面的"租金"位置或厂房"价值"处。

4. 折旧费

财务总监按照直线法计提生产线折旧。其计算公式如下：

年折旧额 = 原值 ÷ 使用年限（≤ 5 年）

生产总监按计算结果或各种生产线折旧信息（见表 3-12）从各条生产线净值中取出对应数量筹码放置于盘面的"折旧"处。已计提折旧的生产线可以继续使用，不再计提折旧。

5. 市场开拓投资、ISO 认证投资

营销总监在充分分析市场资料的基础上，确定市场开拓的战略规划，并将其细分到每年的经营计划中。各年度末根据年初制订的经营计划，从现金区拿出现金放置到需要开拓的目标市场和 ISO 认证区，市场开拓结束后就可以在该市场上销售产品。ISO 认证完毕，可以取得需要相应认证的订单。

6. 关账

模拟经营结束以后，可以根据模拟经营的结果计算填列相关报表，并由相关角色分析、总结当年运营的经验及存在的问题。

（1）根据本期模拟经营的结果，计算编制相关报表。

1）综合管理费用明细表。根据本年末盘面的费用计提区相关项目盘面金额和研发区

各个项目下放置的现金数量填制综合管理费用明细表（见表 3-17）。

（2）利润表。根据销售订单登记表、盘面费用计提区相关项目盘面金额和经营结果计算并填制利润表（见表 3-18）。

（3）资产负债表。根据模拟经营结果的盘面情况和利润表计算、编制资产负债表（见表 3-16）。

（2）各个角色总结经验教训，形成年末工作总结。

二、初始年运营

（一）初始年盘面及经营计划

初始年各模拟企业按统一的盘面和统一的经营计划经营。

1. 初始年盘面

初始年盘面详细信息参见第二章第二节内容。

2. 初始年经营计划

（1）各种表格的计算、填列。根据上一节的相关知识，首先由各个角色完成相关表格：营销总监登记初始年订单登记表（见表 4-3）；生产总监和采购总监绘制产能及原材料采购计划图（见图 4-1），编制方法请参见第五章内容，并填制初始年产品库存量预估汇总表（见表 4-4）；财务总监编制初始年现金预算表（见表 4-5）。

表 4-3　初始年订单登记表

项目	1	2	3	4	5	6	合计
市场	本地						
产品名称	Beryl						
账期	1Q						
交货期	3Q						
单价	6M						
订单数量	6						6
订单销售额	36						36
成本	12						12
毛利	24						24

生产线		第0年					第1年				第2年			
		4Q	1Q	2Q	3Q	4Q	1Q	2Q	3Q	4Q	1Q	2Q	3Q	4Q
1. 手工线	产品				B			B			B			B
	物料			M1				M1			M1			M1
2. 手工线	产品				B		B		B			B		
	物料		M1			M1			M1			M1		
3. 手工线	产品		B		B		B		B		B			
	物料		M1			M1			M1			M1		
4. 半自动线	产品			B		B		B		B		B		
	物料			M1		M1	M1	M1		M1				
产能合计	产品		1B	1B	1B	3B	2B	2B	1B	1B	3B			1B
原材料需求	物料		2M1	1M1	1M1	3M1	2M1	2M1	1M1	1M1	3M1			1M1
下采购订单	物料	2M1	2M1	2M1	2M1	2M1								
期末库存	物料	2M1	2M1	3M1	4M1	3M1								

图4-1　产能及原材料采购计划图

表 4-4　初始年产品库存量预估汇总表

产品名称		第一季度	第二季度	第三季度	第四季度
Beryl	本期完工	1	1	1	3
	期初数量	3	4	5	0
	可供销售数量	4	5	6	3
	本期销售	0	0	6	0
	期末数量	4	5	0	3

表 4-5　初始年现金预算表

项目	第一季度	第二季度	第三季度	第四季度
期初现金（+）	24	16	17	42
变卖生产线（+）				
变卖原材料（+）				
变卖厂房（+）				
应收账款到期（+）		7	7	36
支付上年应交税	3			
广告费投入				
贴现费用				
利息（短期贷款）				1
支付到期短期贷款				20

续表

项目	第一季度	第二季度	第三季度	第四季度
原材料采购支付现金	2	4		
转产费				
生产线投资				
生产费用	2	1	1	3
产品研发投资				
支付行政管理费	1	1	1	1
利息（长期贷款）				2
支付到期长期贷款				
维修费用				4
租金				
购买新建筑费用				
市场开拓投资				
ISO 认证投资				
其他费用				
现金余额	16	17	22	47
需要新贷款			20	20

（2）初始年经营计划。根据初始年各种表格预计数据表确定初始年经营计划，具体细分到各个季度，形成初始年经营计划表，如表4-6所示，并由总经理签字执行。

表4-6 初始年经营计划表

计划内容＼时间	年初	第一季度	第二季度	第三季度	第四季度	年末
营销	登记订单			交货：6B		
采购		1.下原材料订单4M1			1.下原材料订单2M1	
生产		1.投产2B	1.投产1B	1.投产1B	1.投产3B	
财务	支付税款3M	1.支付原材料采购费用2M 2.支付加工费2M 3.支付行政管理费1M	1.支付原材料采购费用4M 2.支付加工费1M 3.支付行政管理费1M	1.短贷20M 2.支付加工费1M 3.支付行政管理费1M	1.还短贷20M 2.支付加工费3M 3.支付行政管理费1M	1.长贷20M 2.计提折旧5M 3.支付设备维修费4M 4.编制报表
研发						

（二）按任务清单和经营计划运营

根据上部分的运营内容，按任务清单（见表4-7）运营，相关步骤做完以后在表格中画"√"，未完的画"×"。

表4-7　任务清单

	运营内容	1Q	2Q	3Q	4Q
每年初	1. 支付应付税	√（-3M）			
	2. 支付广告费	×			
	3. 登记销售订单	√			
每个季度	1. 申请短期贷款、更新短期贷款、还本付息	√	√	√ +20M	√ -21M
	2. 更新应付账款、归还应付账款	×	×	×	×
	3. 更新原材料订单、原材料入库	√ -2M/2M1	√ -4M/4M1	×	×
	4. 下原材料订单	√ 4M1		×	√ 2M1
	5. 更新生产、完工产品入库	√ 1B	√ 1B	√ 1B	√ 3B
	6. 投资新生产线、生产线改造、变卖生产线	×	×	×	×
	7. 开始下一批生产	√ -2M/2M1	√ -1M/1M1	√ -1M/1M1	√ -3M/3M1
	8. 产品研发投资	×	×	×	×
	9. 更新应收账款、应收款账收现	√	√ 7M	√ 7M	√ 36M
	10. 按订单交货	×	×	√ 6B	×
	11. 支付行政管理费	√ -1M	√ -1M	√ -1M	√ -1M
每年末	1. 申请长期贷款、更新长期贷款、支付利息				√ 20M/-2M
	2. 支付设备维护费				√ -4M
	3. 支付租金、购买厂房				×
	4. 折旧				√ 5M
	5. 市场开拓投资、ISO 认证投资				×
	6. 编制报表（关账）				√

1. 年初运营

（1）支付上年应付税款。根据上年度资产负债表中"应交税金"项目的"期末数"，财务总监从现金中拿出3M放在如图4-2所示费用计提区"税金"位置，同时在现金流量表（见表4-8）的对应栏目登记，凡是涉及"现金池"的数量变化，就应该登记现金流量表，下同。

（2）支付当年广告费。初始年不做广告投入。

（3）登记销售订单（见表4-3）。

表4-8　现金流量表

项目	1Q	2Q	3Q	4Q	年末
期初现金余额	24	16	17	42	53
应收账款到期（+）		7	7	36	
变卖生产线（+）					

续表

项目	1Q	2Q	3Q	4Q	年末
变卖原材料/产品（+）					
变卖厂房（+）					
短期贷款（+）			20		
高利贷（+）					
长期贷款（+）					20
收入总计	24	23	44	78	73
支付上年应交税	3				
广告费					
贴现费用					
归还短贷及利息				21	
归还高利贷及利息					
原材料采购支付现金	2	4			
成品采购支付现金					
设备改造费					
生产线投资					
加工费用	2	1	1	3	
产品研发					
行政管理费	1	1	1	1	
长期贷款及利息					2
设备维护费					4
租金					
购买新建筑					
市场开拓投资					
ISO认证投资					
其他					
支出总计	8	6	2	25	6
现金余额	16	17	42	53	67

2. 第一季度运营

（1）申请短期贷款、更新短期贷款、还本付息。根据经营计划，第一季度只需要更新短期贷款。财务总监将盘面的短期贷款20M向现金区移动一个周期，即从4Q移到3Q。

（2）更新应付账款、归还应付账款。初始年不做。

（3）更新原材料订单、原材料入库。采购总监从财务总监处取得2M现金，拿出盘面处于1Q的2个M1（黄色筹码）订单换取2个原材料M1（蓝色筹码），放在盘面的"M1原材料仓库"位置。

（4）下原材料订单。根据经营计划表，采购总监下4个M1的订单，放置于盘面"原材料采购订单"区M1的1Q位置。

（5）更新生产、完工入库。

1）更新生产。由生产总监将生产线上的在产品向成品库区方向移动。生产线1的在产品由 3Q 移到 2Q，生产线 4 的在产品由 2Q 移到 1Q。

2）完工入库。生产线 2 的产品下线，移到 Beryl 成品库，库存量为 4。

（6）投资新生产线、生产线改造、变卖生产线。初始年不做。

（7）开始下一批生产。生产总监拿出现金 2M 和 2 个原材料 M1，将现金 1M 和 1 个 M1 重合，分别放置于生产线 2 和生产线 3 的第 1 个生产周期及 3Q 位置。

（8）产品研发投资。初始年不做。

（9）更新应收账款、应收账款收现。财务总监将盘面的应收账款向现金区移动一个周期，即将 3Q 的 7M 移到 2Q、2Q 的 7M 移到 1Q。

（10）按订单交货。本季度不需交货。

（11）支付行政管理费。由财务总监从现金区拿出现金 1M 放置于盘面的"行政管理费"1Q 位置。

第一季度运营结束后的盘面如图 4-2 所示。

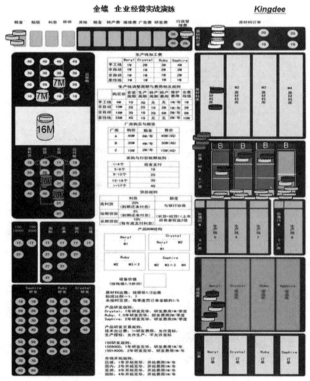

图 4-2　第一季度运营结束后的盘面

3. 第二季度运营

（1）申请短期贷款、更新短期贷款、还本付息。根据经营计划，第二季度只需要更新短期贷款。财务总监将盘面的短期贷款向现金区移动一个周期，即从 3Q 移到 2Q。

（2）更新应付账款、归还应付账款。初始年不做。

（3）更新原材料订单、原材料入库。采购总监从财务总监处取得4M现金，拿出盘面处于1Q的4个M1订单换取原材料M1，放到盘面的M1原材料仓库。

（4）下原材料订单。根据经营计划表，第二季度没有下原材料订单。

（5）更新生产、完工产品入库。

1）更新生产。由生产总监将生产线上的在产品向成品库区方向移动。生产线1的在产品由2Q移到1Q，生产线2、生产线3的在产品由3Q移到2Q。

2）完工产品入库。生产线4的在产品完工下线，移到Beryl成品库，库存量为5。

（6）投资新生产线、生产线改造、变卖生产线。初始年不做。

（7）开始下一批生产。生产总监拿出现金1M和1个M1重合，放置于生产线4上的2Q位置。

（8）产品研发投资。初始年不做。

（9）更新应收账款、应收账款收现。财务总监将应收账款向现金区移动1个周期，将2Q的7M移到1Q、1Q的7M移到现金区。

（10）按订单交货。本季度不需交货。

（11）支付行政管理费。由财务总监从现金区拿出现金1M放置于"行政管理费"2Q位置。

第二季度运营结束后的盘面如图4-3所示。

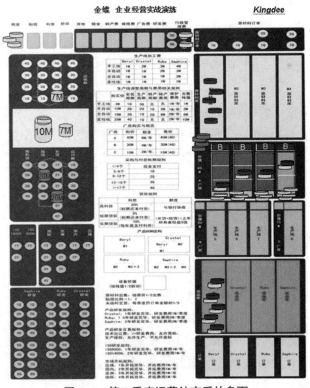

图4-3 第二季度运营结束后的盘面

4. 第三季度运营

（1）申请短期贷款、更新短期贷款、还本付息。

1）申请短期贷款。根据经营计划，第三季度申请短期贷款 20M，财务总监从老师处取得现金和短期贷款筹码各 20M，分别放在如图 4-3 所示的现金区及短期贷款的 4Q 位置。

2）更新短期贷款。财务总监将盘面的短期贷款向现金区移动 1 个周期，即从 2Q 移到 1Q。

（2）更新应付账款、归还应付账款。初始年不做。

（3）更新原材料订单、原材料入库。根据经营计划表，第三季度没有需要更新的原材料订单，也无原材料入库。

（4）下原材料订单。根据经营计划表，第三季度没有下原材料订单。

（5）更新生产、完工产品入库。

1）更新生产。生产线 2、生产线 3 的在产品由 2Q 移到 1Q，生产线 4 的在产品由 2Q 移到 1Q。

2）完工产品入库。生产线 1 的在产品下线，移到 Beryl 成品库，库存量为 6。

（6）投资新生产线、生产线改造、变卖生产线。初始年不做。

（7）开始下一批生产。生产总监拿出现金 1M 和 1 个 M1 重合，放置于生产线 1 的第 1 个生产周期。

（8）产品研发投资。初始年不做。

（9）更新应收账款、应收账款收现。财务总监将 1Q 位置的应收账款 7M 移动到现金区。

（10）按订单交货。营销总监从 Beryl 成品库取出 6 个产品，和订单一起交与老师，同时取得 36M 现金，按订单规定的账期放置于应收账款区的 1Q 位置。

（11）支付行政管理费。由财务总监从现金区拿出现金 1M 放置于"行政管理费"3Q 位置。

第三季度运营结束后的盘面如图 4-4 所示。

5. 第四季度运营

（1）申请短期贷款、更新短期贷款、还本付息。

1）更新短期贷款。根据经营计划，第四季度需要更新短期贷款，财务总监将短期贷款向现金区移动一个周期，即从 4Q 移到 3Q。

2）还本付息。财务总监取出现金 21M 偿还第四季度到期的 20M 的短期贷款及其利息，20M 交与老师，利息 1M 放置于盘面的"利息"处。

（2）更新应付账款、归还应付账款。初始年不做。

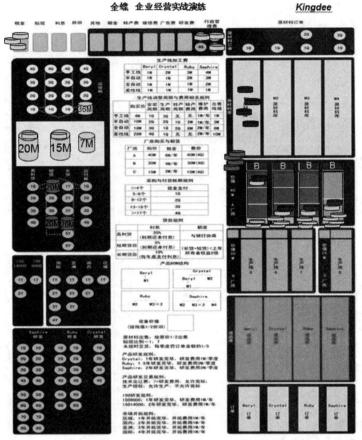

图 4-4　第三季度运营结束后的盘面

（3）更新原材料订单、原材料入库。根据经营计划表，第四季度没有需要更新的原材料订单，也无原材料入库。

（4）下原材料订单。根据经营计划表，采购总监下 2 个 M1 的订单，放置到原材料采购订单区 M1 的 1Q 位置。

（5）更新生产、完工产品入库。

1）更新生产。生产线 1 的在产品由 3Q 移到 2Q。

2）完工产品入库。生产线 2、生产线 3、生产线 4 的在产品下线，移到 Beryl 成品库，库存量为 3。

（6）投资新生产线、生产线改造、变卖生产线。初始年不做。

（7）开始下一批生产。生产总监拿出现金 3M 和 3 个原材料 M1，分别将现金 1M 和 1 个 M1 重合，分别放置于生产线 2、生产线 3、生产线 4 第 1 个生产周期。

（8）产品研发投资。初始年不做。

（9）更新应收账款、应收账款收现。财务总监将应收账款区的 1Q 位置的应收账款 36M 移动到现金区。

（10）按订单交货。本季度不需要交货。

（11）支付行政管理费。由财务总监从现金区拿出现金 1M 放置于"行政管理费"4Q 位置。第四季度运营结束后的盘面如图 4-5 所示。

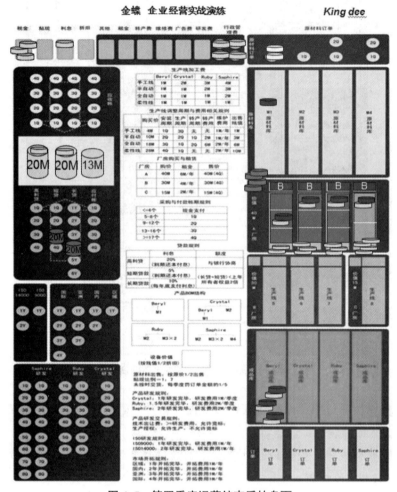

图 4-5　第四季度运营结束后的盘面

6. 年末运营

（1）申请长期贷款、更新长期贷款、支付利息。

1）申请长期贷款。根据经营计划，财务总监从老师处取得现金和长期贷款筹码各 20M，分别放在图 4-5 所示的现金区及长期贷款的 4Y 位置。

2）更新长期贷款。财务总监将已有的长期贷款筹码向现金区移动，将 4Y 的长期贷款筹码移到 3Y 的位置。

3）支付利息。本年度有长期贷款 20M，应付利息为 2M，财务总监取出现金 2M 放置于"利息"处。

（2）支付设备维护费。财务总监按照各条生产线信息表（见表3-2）汇总计算当期应支付的全部在用生产线的维护费用4M，从现金区取出4M放置到盘面的"维护费"位置。

（3）支付租金、购买厂房。不做。

（4）折旧。根据各条生产线信息表（见表3-2），生产总监按计算结果从生产线1、生产线2、生产线3的净值中各取出1M，生产线4的净值中取出2M放置于盘面的"折旧"位置。

（5）市场开拓投资、ISO认证投资。不做。

（6）编制报表（关账）。运营结束以后，根据运营年末的盘面结果（见图4-6）计算编制初始年报表（见表4-9、表4-10和表4-11）。

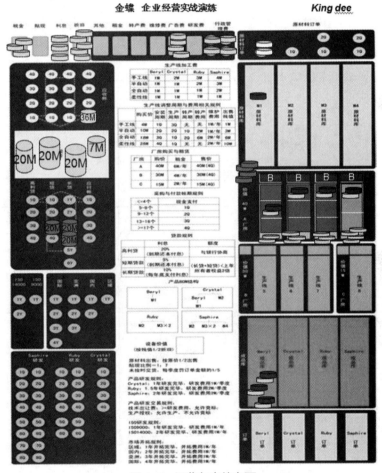

图4-6　运营年末的盘面

表 4-9　综合管理费用明细表

单位：百万元

项目	金额
行政管理费	4
广告费	0
设备维护费	4
设备改造费	0
租金	0
产品研发	0
市场开拓	0
ISO 认证	0
其他	0
合计	8

表 4-10　利润表

单位：百万元

项目	上一年	本年
一、销售收入	40	36
减：成本	17	12
二、毛利	23	24
减：综合费用	8	8
折旧	4	5
财务净损益	1	3
三、营业利润	10	8
加：营业外净收益	0	0
四、利润总额	10	8
减：所得税	3	2
五、净利润	7	6

表 4-11　初始年资产负债表

单位：百万元

资产	年初数	期末数	负债及所有者权益	年初数	期末数
流动资产：			负债：		
现金	24	67	短期负债	20	20
应收账款	14	0	应付账款	0	0
原材料	2	1	应交税金	3	2
产成品	6	6	长期负债	20	40
在制品	6	8			
流动资产合计	52	82	负债合计	43	62
固定资产：			所有者权益：		
土地建筑原价	40	40	股东资本	53	50
机器设备净值	12	7	以前年度利润	4	11
在建工程	0	0	当年净利润	7	6
固定资产合计	52	47	所有者权益合计	61	67
资产总计	104	129	负债及所有者权益总计	104	129

（7）年末总结。各个角色总结经验教训，形成年末工作总结。

本章小结

　　企业运营过程中经营计划的编制非常关键。本章详细阐述了模拟运营的基本流程和工作内容，以初始年盘面及初始年运营数据为例编制了相关图表，包括初始年产品库存量预估汇总表、产能及原材料采购计划图、现金预算表和经营计划表等。

复习思考题

1. 广告投入需要考虑哪些因素？
2. 资金筹集的渠道有哪些？各有什么优缺点？
3. 银行长期贷款、短期贷款需要考虑哪些因素？
4. 如何确定当期原材料订单数量？
5. 生产线投资中应考虑哪些因素？生产线是改造好还是新建好？
6. 如何编制现金预算表？
7. 厂房是租用划算还是购入划算？

 案例分析

一、摆脱技术依赖，华为科技兴国

在华为领先攻下 5G 技术以前，中国在世界通信变革中始终处于被动状态。在 1G 通信时代，中国落伍，技术一片空白；在 2G 发展时代因为自身研发实力的问题，中国的技术发展还是以引进为主；3G 时代中国技术举步维艰，原 TD 芯片生产商倒闭后斥资 2000 亿元自主创新产业化，这也标志着中国在世界通信领域的一次重大发声，中国实现了通信史上"零的突破"；4G 时代，中国在移动电话用户中所占比例超过了 67%，超过了国外发达国家的平均水平，终于实现技术实力的并跑，中国与世界巨头并肩而行，却在国际平台上被美国压制。这让国内各界的精英，甚至是普通人都深刻感知到，我们必须有核心技术，必须掌握关键技术，否则就会被人在关键时刻"卡脖子"。

华为正是注重核心技术掌握最为典型的科技公司，每年坚持投入巨额资金支持研发，并在 30 年的时间，沉淀了厚实的科技实力。华为自 2009 年开始着手 5G 研究，经过十年如一日不懈的研发投入，在 5G 时代终于反超美企，将中国通信技术带到了新的高度。华为已累计投入超过 150 亿元用于 5G 技术与产品研发，拥有世界上最大的 5G 专利，所开发的设备具有高性价比、高质量、建设周期短等特点。当华为率先推出 5G 技术和集成 5G 基带的麒麟芯片后，就连高通和苹果都只能甘拜下风。截至 2019 年 4 月，中国企业申请的 5G 通信系统 SEPs 件数排在全球第一位，占比 34%，而华为位列企业第一，拥有 15% 的 SEPs。中国在全球移动通信舞台上首次进入领先者行列。

可没想到的是，美国自此开始制裁华为，并调动国家机器打压中国企业。作为 5G 技术最先进的厂商，华为被美国列为"实体清单"，采用非商业手段在近三年时间里对华为发起了四轮残酷的制裁，不仅通过长臂管辖的方式逮捕华为财务总监孟晚舟，而且毫无底线地修改规则，切断华为芯片的代工渠道。对科技企业而言，没有芯片就等于失去了生存的"粮食"。也正是因此，最能为华为提供营收的智能手机业务遭遇重创，市场份额由20.4%暴跌至6.2%，一年半的时间便蒸发了2000多亿元，华为彻底被逼入了绝境。

即便是困难重重，华为也没有放弃，而是在明确了攻坚目标之后，马不停蹄地展开了相应的技术攻关。为此，任正非更是明确告知海思研发团队，要不惜一切代价站在技术制高点，成为华为突破技术封锁的一把"利刃"。令人振奋的是，华为做到了！公开资料显示，在2022年3月2日，华为发布了一项专利，这项专利涵盖了"射频芯片、基带芯片、WLAN设备"，标志着华为已然突破了5G射频芯片技术壁垒，虽然暂时还没有传出具体化的量产进程，但这只是时间问题，而且时间不会太久。

经此一役，华为内部的凝聚力更强，并且更加坚定地进一步开放合作、协同共生，用生态联动对抗封锁。华为是中国高科技产业的代表，尤其是在芯片领域，推动了科技兴国。

（资料来源：https://www.sohu.com/a/313097514_100162046，https://baijiahao.baidu.com/s?id=1649072233138330612&wfr=spider&for=pc。）

思考：中国的通信技术从一片空白到世界领先，实现翻身逆袭，华为可谓功不可没。华为不但实现了企业自身的可持续发展，而且实现技术的突破，更让中国通信技术扬眉吐气、享誉国际，是什么动力让任正非这样一个民营企业家，斥资150亿元研发费用，潜心研究5G技术十余年？

二、为客户创造价值，对员工奉献真心

播恩集团股份有限公司（以下简称播恩集团）董事长邹新华先生是行业内知名的企业家之一，他在2001年创建了赣州八维生物科技有限公司（播恩集团前身），从5个人、20万元起步，经过16余年的发展，集团现已成为一家经营规模超过12亿元、拥有员工1900多人、利税过亿元的企业集团，并于2016年成功跻身中国饲料行业三十强，在行业整体处于低迷的情况下，企业依然保持快速增长，给行业带来满满的正能量。

"人才是造就一个成功企业最核心的要素"，邹新华十分重视企业人才的建设，他认为，和公司的发展一样，播恩的人才梯队建设也是一个波浪式不断上升的过程，在人力资源管理上，播恩始终坚持如下理念：

第一，要发自内心地爱员工。

第二，要为员工提供一个比较具有竞争力的薪酬。

第三，要帮助员工解决他们的后顾之忧。

"用一颗真诚的心来对待每一个员工，让他们在公司开心、愉悦地工作，我想如果能够做到这点，企业的人才团队会建设得很好，人才也能够长久地留在公司。"用真心感动员工，如同为客户创造价值一样，为公司的员工也创造出一个良好的生活和工作环境，这正是邹新华打造播恩人才团队的成功密码。

他认为，拥有健康的身心对于企业的发展和传承非常重要，并且基于此，他在2015年正式提出了"修心、修行、修身"的"播恩三修"理念，并借此理念鼓励公司员工提升自己的整体素质。何为"播恩三修"？对此，邹新华进一步介绍：

所谓修心，就是把心修"大"，心有多大，事业就有多大；所谓修行，就是不断提高自己的各项能力；所谓修身，就是要坚持锻炼身体，增强身体素质，在事业的征途中，不仅比谁跑得快，还要比谁跑得久。

在经营好企业的同时，邹董还不忘回报社会。在他的积极倡导下，播恩集团在2009年成立了竹蜻蜓基金会，积极参与社会公益事业，多年来捐资助学、扶贫济困100多万元。

（资料来源：https://www.sohu.com/a/190370421_202722。）

思考： 企业文化是一个企业的灵魂和基石，优秀的企业文化能够凝聚士气，所谓企业兴则员工兴，企业衰则员工衰。从邹新华先生对员工、对社会贡献的态度上，也能看到播恩集团优秀的企业文化。请结合你在模拟运营中的岗位，谈谈你的岗位需要哪些特质？

三、"双减"政策后，俞敏洪这样带新东方共渡难关

"双减"政策实施已过去一年，新东方面对压力，由教育培训巨头转型到电商直播带货行业，销售量暴增，更是牵起热潮，曾经的教育培训巨头，如今的MCN机构，创始人俞敏洪迎难而上，带领新东方走上转型之路。

自2021年"双减"政策落地后，以新东方为代表的教育培训机构曾经度过一段艰难的赛道转换时光。2021年新东方遇到的变故大致可归为：市值跌去90%，营业收入减少80%，确定全方位终止K9的地面和在线培训平台。即便如此，俞敏洪仍然坚守"新东方账上的钱必须能把学生家长所付的学费全部退掉、员工工资发完，即使倒闭，也要一分钱不欠"的承诺，现金支出近200亿元进行学费退费、员工辞退N+1补贴、教学点退租等。

面临如此困局，俞敏洪决定将新东方线上业务的积累转移到直播电商领域中去。然而在新东方入局之时，直播电商早成红海，早期流量红利消耗殆尽。初期从选品到定位都有一定问题。俞敏洪亲自直播，同时带领团队调整直播方式，2022年2月开始，新东方逐渐靠双语直播突围。同时其选品逐渐变得更加多样化、接地气。垂直账号矩阵也涵盖了图书、个护美妆、文创、母婴等领域。

有数据显示，自2021年12月28日开播以来截至2022年2月17日，新东方旗下的东方甄选累计销售额达454.76万元，共8.14万件商品。但转机在6月9日后到来，东方甄选直播间因"双语带货"出圈，单日粉丝数暴涨百万，仅6月10日晚间，东方甄选销售总额就达到1534.3万元，一天卖出"过去8个月成绩"。

"双语直播"刚好击中了知识直播与直播电商之间的盲区交界处，形成降维打击"文化扫盲"。新东方利用自身在英语教育界的IP影响力，发挥"名师文化""名师体系"优势，在电商直播平台占据一席之地。而普遍有着研究生以上高学历、海归留学经历的新东方老师们也积极转型，找到知识直播和授课的共性，发挥各自或幽默或犀利的教学风格并自带教学经验、粉丝基础和课堂魅力吸引大批粉丝。

（资料来源：https://baijiahao.baidu.com/s?id=1737191297593553325&wfr=spider&for=pc。）

思考： 在新东方面临巨大的国际国内形势、政策变化的时候，俞敏洪并未独善其身，而是选择了与企业站在一起，挑起责任重担，坚定信心，迎难而上，调整战略，与企业共渡难关。请结合模拟运营中你公司的实际情况，谈谈你们企业在运营中遇到了哪些困难？是怎么解决的？

四、张定宇：疫情"暴风眼"里，"渐冻"之躯与时间赛跑

在"疫情的风暴之眼"，他拖着"渐冻"之躯，踩着高低不平的脚步，与病毒鏖战、与死神较量、与时间赛跑，带领医院干部职工救治2800余名患者，以实际行动诠释了"人民至上、生命至上"的理念。

他是武汉市金银潭医院原院长，现任湖北省卫生健康委员会党组成员、副主任，公共卫生总师张定宇。2020年9月8日，张定宇被授予"人民英雄"国家荣誉称号。

2019年12月29日，第一批转诊来的病人到达武汉市金银潭医院，金银潭医院就成了这次新冠肺炎疫情斗争的风暴眼。在收治首批7名不明原因肺炎患者后，张定宇立即组建隔离病区，率先采集样本开展病毒检测，组织动员遗体捐献，为确认新冠病毒赢得了时间，为开展新冠病毒病理研究创造了条件。

最初那一个多月，清早6点钟起床、次日凌晨1点左右睡觉，不知不觉成了张定宇的常态。好几个夜晚，凌晨2点刚躺下，4点就被手机叫醒。共产党员、院长、医生，是张定宇的三重身份。"无论哪个身份，在这非常时期、危急时刻，都没理由退半步，必须坚决顶上去！"他说。在各方支援来前，张定宇领着全院干部职工在一线撑了近一个月。缺少医护，大家主动增加排班频次；缺少保洁员，后勤的顶上去；缺少保安，行政的撑起来。最紧张的日子里，张定宇的妻子也感染了新冠病毒，分身乏术的他不能陪在

妻子身旁，有时一连三四天都顾不上看妻子一眼。

其实早在2018年，张定宇就被确诊为渐冻症，而且双腿日渐萎缩。谈到自己的渐冻症，张定宇没有流露过半点害怕的情绪，"医生告诉我，或许还有六七年的寿命。现在，我的双腿已经开始萎缩……"在一次全体病区主任见面会上，高强度的工作让"秘密"再也瞒不住了，面对同事们心疼的目光，张定宇不得不坦白，他是渐冻症患者。"我必须跑得更快，才能和大家一起，跑出病毒的魔掌。现在，形势万分危急。我们要用自己的生命，保卫武汉！"

张定宇说："正是无数向险而行、攻坚克难的平凡人，创造了人类同疾病斗争史上又一个英勇壮举。他们身上展现的忠诚、执着、朴实的鲜明品格，如同一道道耀眼的光芒，照亮我们前行之路。"

（资料来源：http://www.xinhuanet.com/2020–11/10/c_1126722898.htm。）

思考：张定宇在工作中勇于担当、恪尽职守、凝心聚力的工作精神，极大地震撼和感动了我们。请结合张定宇事例，运用所学知识，谈谈你对岗位职责的理解。

第五章

企业经营管理分析

【本章学习目标】

1. 掌握企业战略管理分析的工具及方法。
2. 掌握企业营销管理分析的工具及方法。
3. 掌握企业生产管理分析的工具及方法。
4. 掌握企业盈利能力及财务分析的工具及方法。
5. 掌握企业筹资及投资分析的工具及方法。

在 ERP 沙盘模拟经营过程中，各个模拟企业的初始盘面是一样的，经过几年的模拟经营，不同模拟企业的经营结果完全不一样，有的盈利，有的亏损，有的甚至破产倒闭。"为什么会产生这样的结果呢？企业应该如何经营？"这是参与本课程的学生最关注的问题。企业经营管理分析是揭示企业内在价值和提供创造价值途径的行为，具有明显的导向性。因此，企业经营管理分析与评价能够回答这些问题。本章主要从企业战略管理、营销管理、生产管理、盈利能力及财务、筹资及投资等角度对企业的经营管理进行分析与评价。

一、企业战略管理分析

企业战略是指在市场经济条件下，企业为谋求长期生存和发展，在充分分析外部环境和内部条件的基础上，以正确的指导思想，对企业主要目标、经营方向、重大经营方针、策略和实施步骤，做出长远、系统和全局的谋划。一个完整的企业战略应该包括分析企业的内、外部环境，确定企业在一个较长的时期里要达到什么目标，进而确定企业要生产什么、在哪个时期进入或退出，决定支持或限制某些业务领域，最后确定经营策略，并按照策略运营企业。

（一）核心竞争力分析

美国战略学家加里·哈默尔（Hamel）认为，企业是一个知识的集体，企业通过积累过程获得新知识，并使这些知识融入企业的正式和非正式的行为规范，这些知识从而成为左右企业未来积累的主导力量，即核心竞争力。企业间的竞争最终将体现在核心竞争力上。通用电气公司凭借其核心竞争力，推行其"数一数二"战略，在多个领域成为世界领先者，并确保相当大的领先优势。核心竞争力识别工具一直是该公司管理层最重要的战略工具之一。加里·哈默尔和普拉哈拉德（Prahalad）的核心竞争力（Core Competence）模型是一个著名的企业战略模型，其战略流程的出发点是企业的核心力量。

1. 自内而外的企业战略（Inside-out Corporate Strategy）

传统的自外而内（Outside-in）战略（如波特"五力分析模型"）总是将市场、竞争对手、消费者置于战略设计流程的出发点。核心竞争力理论恰好与其相反，认为从长远来看，企业的竞争优势取决于企业能否以低成本、超过对手的速度构建核心竞争力。核心竞争力能够造就意想不到的产品。竞争优势的真正源泉是企业围绕其竞争力整合、巩固工艺技术和生产技能的能力，据此，小企业能够快速调整以适应变化了的商业环境。核心竞争力是具体的、固有的、整合的或应用型的知识、技能和态度的各种不同组合。

加里·哈默尔和普拉哈拉德在《企业核心竞争力》（*The Core Competence of the Corporation*，1990）一文中驳斥了传统的组合战略。根据他们的观点，把战略事业单元（SBU）放在首位，是一个明显的时代错误。加里·哈默尔和普拉哈拉德认为，应该围绕共享的竞争核心来构建企业。SBU 的设置必须有助于强化发展企业的核心竞争力。企业的中心部门（如财务）不应该作为一个独立层面，它要能够为企业的战略体系链接、竞争力构建增加价值。

参与 ERP 沙盘模拟实训的各个经营团队，应该将核心竞争力的构建提升到一个战略的高度。经营团队不仅要考虑第一年、第二年、第三年的生存问题，更重要的是要考虑到第四年、第五年、第六年的发展问题。为了强化自己的发展能力，经营团队要思考如何树立自己独一无二的核心竞争能力。核心竞争能力是一种自内而外的企业战略，这种竞争能力是企业自身在长期的发展过程中不断沉淀而积累的一种特殊优势，这种能力不需要依靠任何外力而存在。

2. 构建核心竞争力

核心竞争力的构建是通过一系列持续提高和强化来实现的，它应该成为企业的战略核心。从战略层面来讲，它的目标就是帮助企业在设计、发展某一独特的产品功能上实现全球领导地位。企业高管在 SBU 的帮助下，一旦识别出所有的核心竞争力，就必须要求企业的项目、人员都紧紧围绕这些竞争核心。企业的审计人员的职责就是要清楚围绕企业竞争核心的人员配置、数量以及质量。肩负企业核心竞争力的人员应该被经常组织到一起，分享思想、交流经验。

参与 ERP 沙盘模拟实训的各个经营团队开始的起点是完全一样的，它们面临的市场状况也是统一的。但当第六年经营结束的时候，各个经营团队所带领的企业已经产生了极大的差异。有的企业建立了完善的生产线、开拓了足够多的市场；有的企业成了某一个细分市场的霸主；有的企业则是苟延残喘；甚至有的企业已经倒闭、被淘汰。为什么会产生这么大的差异呢？这就在于各个经营团队在经营过程中，有没有把握自己的核心竞争力。各个经营团队所具有的核心竞争力应该是不完全一样的，并且这种能力是瞬息万变的，甚至稍纵即逝。当某个经营团队在特定的市场环境下识别出了自己所具有的核心竞争力的时候，就必须使企业的项目、人员紧紧围绕这些竞争核心力来展开，不断地强化、积累、加深，在第六年经营结束时，经过六年的时间而构建成的核心竞争力就会成为这个企业安身立命的根源，而这样的核心能力也是企业的竞争对手在短期内所不能模仿的。

3. 核心竞争力的构成要素

核心竞争力并不是企业内部人、财、物的简单叠加，而是能够使企业在市场中保持和获得竞争优势的、别人不易模仿的能力。具体地讲，核心竞争力包括下列构成要素：

（1）研究开发能力。企业所具有的为增加知识总量以及用这些知识去创造新的知识而进行的系统性创造活动的能力。研究开发包含基础研究、应用研究和技术开发三个层次。

（2）不断创新能力。是指企业根据市场环境变化，在原来的基础上重新整合人才和资本，进行新产品研发并有效组织生产，不断开创和适应市场，实现企业既定目标的能力。所谓创新，包含技术创新、产品创新和管理创新三个方面的内容。

（3）组织协调各生产要素有效生产的能力。这种能力不仅限于技术层面，还涉及企业的组织结构、战略目标、运行机制、文化等多方面，突出表现在坚强的团队精神和强大的凝聚力、组织的大局观和整体协调以及资源的有效配置上。

（4）应变能力。客观环境时刻都在变化，企业决策者必须具有对客观环境变化敏锐的感应能力，必须使经营战略随着客观环境的变化而变化，即因时、因地、因对手、因对象而变化。

核心竞争力的构成要素是参与 ERP 沙盘模拟实训各团队经常思考的问题，也是令其饱受困扰的问题。ERP 沙盘模拟实训，要求各经营团队面临本地、区域、国内、亚洲以及国际五个市场，要进行 Beryl、Crystal、Ruby 和 Sapphire 产品的研发，要进行 ISO 9000 的质量认证和 ISO 14000 的环境认证，要进行全自动线、柔性线的构建，甚至在经营过程中还要进行资金筹集、投放的财务管理。诸多的经营要素，哪些才能成为核心竞争力呢？其实，各个经营团队都要认识到，核心竞争力是企业一种综合素质的构建，是企业在长期的经营过程中所积累沉淀而成的。单纯依赖开发某个市场、研发某个产品来创建可持续的核心竞争力的想法是不现实的。各个经营团队应该在充分调动自己的研究开发能力、创新能力、组织协调能力、应变能力的基础上，分析每一个经营年度的市场产品状况，同时考虑竞争对手产品市场策略，灵活机动地进行市场开发、产品研发、生产线构建以及相应的资金管理，这些方面是一个紧密的系统，经营团队要从全局角度来适时调整。

4. 核心竞争力识别

企业核心竞争力识别工具如图 5-1 所示，它可以帮助我们认识企业自身所蕴含的核心竞争力。方法很简单，即在企业的内部资源中，"与竞争对手相似的或比较容易模仿的"就属于一般的必要资源，"比竞争对手好的或不容易模仿的"就属于企业独一无二的资源。在企业的能力中，与"与竞争对手相似的或比较容易模仿的"就是一般的基本能力，而"比竞争对手好的或不容易模仿的"能力就是企业的核心竞争力了。

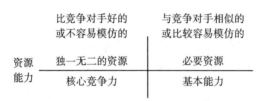

图 5-1　企业核心竞争力识别工具

企业在识别核心竞争力时，需要区别资源和能力这两个概念。如果企业具有非常独特的价值资源，但是却没有将这一资源有效开发，那么，企业所拥有的这一资源就无法为企业创造竞争优势。另外，当一个企业拥有竞争者所不具有的竞争能力时，那么，该企业并不一定要具有独特而有价值的资源才能建立起独特的竞争能力。

ERP 沙盘模拟的各个经营团队识别自己所带领企业核心竞争力的时候，一定要保持清醒的头脑，某个阶段的领先优势并不代表你就具有了核心竞争力。判断所经营企业是否具备了核心竞争力，需要考虑自己竞争对手的情况。你的领先优势是否建立在你独一无二的资源上，这里的资源是广义上的资源，即除了物质形态的资源，还包括非物质形态的资源，如管理能力、市场开拓能力、理财能力等。例如，某经营团队通过努力，相对于其他企业先建立了柔性线，此处的优势并不意味着该经营团队构建了属于自己的核心竞争力，在以后年度里，其他的经营团队也可以通过不断投入资金来建立自己的柔性线；但如果经营团队意识到自己的核心竞争力可能是规模优势的时候，就可以借助自己的先入优势，循序渐进地投入资金扩展产能，同时有序地去开拓不同层次的市场，随着这种优势的保持和不断扩大，当经历四五个经营年度后，长时间积累起来的优势将有可能成为这个经营团队的核心竞争力。

（二）SWOT 分析

SWOT 分析法最早是由美国旧金山大学韦里克教授于 20 世纪 80 年代初提出的。所谓 SWOT 分析法，是指一种综合考虑企业内部条件和外部环境的各种因素，进行系统评价，从而选择最佳经营战略的方法。这里 S 是指企业内部的优势（Strengths），W 是指企业内部的劣势（Weaknesses），O 是指企业外部环境的机会（Opportunities），T 是指企业外部环境的威胁（Threats），也可以称为 SO 战略、WO 战略、ST 战略和 WT 战略，如图 5-2 所示。SWOT 分析的指导思想就是在全面把握企业内部优势、劣势与外部环境的机会和威胁的基础上，制定符合企业未来发展的战略，发挥优势，克服不足，利用机会，化解威胁。

企业的优势是什么？ （Strengths）	企业的劣势是什么？ （Weaknesses）
企业的机会是什么？ （Opportunities）	企业的威胁是什么？ （Threats）

图 5-2　SWOT 分析

1. 优势—机会战略（SO 战略）

优势—机会战略是一种发挥企业内部优势而利用企业外部机会的战略。所有的企业都希望处于这样一种状况：可以利用自己的内部优势去抓住和利用外部事件变化中所提供的机会。企业通常首先采用 WO、ST 或 WT 战略而达到能够采用 SO 战略的状况。当企业存在重大弱点时，它将努力克服这一弱点而将其变为优势。当企业面临巨大威胁时，它将努力回避这些威胁以便集中精力利用机会。

2. 劣势—机会战略（WO 战略）

劣势—机会战略的目标是通过利用外部机会弥补内部弱点。适用于这一战略的基本情况是：存在一些外部机会，但企业有一些内部的弱点妨碍着它利用这些外部机会。例如，市场对可以控制汽车引擎注油时间和注油量的电子装置存在着巨大需求（机会），但某些汽车零件制造商可能缺乏生产这一装置的技术（弱点）。一种可能的 WO 战略是通过与在这一领域有生产能力的企业组建合资企业而得到这一技术。另一种 WO 战略可以是聘用所需人才或培训自己的人员，使他们具备这方面的技术能力。

3. 优势—威胁战略（ST 战略）

优势—威胁战略是利用本企业的优势回避或减轻外部威胁的影响。这并不意味着一个很有优势的企业在前进中总要遇到威胁。一个采用 ST 战略的案例是，美国得州仪器公司靠一个出色的法律顾问部门（一种优势）挽回了由 9 家日本及韩国公司分割本公司半导体芯片专利权（威胁）而造成的近 7 亿美元的损失。在很多产业中，竞争公司模仿本公司计划、创新及专利产品会构成对公司的一种巨大威胁。

4. 劣势—威胁战略（WT 战略）

劣势—威胁战略是一种旨在减少内部弱点，同时回避外部环境威胁的防御性技术。一个面对大量外部威胁和具有众多内部弱点的企业的确处于不安全和不确定的境地。实际上，这样的公司正面临着被并购、收缩、宣告破产或结业清算，因而不得不为自己的生存而奋斗。

ERP 沙盘模拟实训中，各个团队将面临本地、区域、国内、亚洲和国际 5 个市场，4 种产品（Beryl、Crystal、Ruby、Sapphire）。5 个市场的需求量各有差异，并且对产品的质量要求也不同，有的需要 ISO 9000 认证、有的需要 ISO 14000 认证。这些变数对各个团队既是机遇，也是挑战。这就需要在充分考虑竞争对手的竞争策略的基础上，对市场状况作出实时的调整。确定你要进入的市场、要研发的产品，有所为有所不为。市场是充满变数的，各个团队只有充分分析市场状况，采用灵活机动的战术，才有可能赢得优势。

图 5–3 是 A 小组做的 SWOT 分析。A 小组具有的优势：研发了 Sapphire，开拓了 5 个市场，有 6 条全自动线、2 条柔性线；A 小组存在的劣势：流动资金不足，库存原材料不足，生产计划计算不准；A 小组存在的机会：在亚洲和国内有较高的市场份额，Sapphire 产品将实现较大的销售额；A 小组面临的威胁：D 小组上年的 Sapphire 产品在亚洲占有较高的份额，贷款在第二季度到期。在此基础上，A 小组要制定用以完成使命、达到目标的战略，即进行战略选择，实施战略计划。

企业的优势是什么？ （Strengths） 研发了 Sapphire，开拓了 5 个市场， 有 6 条全自动线、2 条柔性线	企业的劣势是什么？ （Weaknesses） 流动资金不足，库存原材料不足，生产计划计算不准
企业的机会是什么？ （Opportunities） 在亚洲和国内有较高的市场份额， Sapphire 产品将实现较大的销售额	企业的威胁是什么？ （Threats） D 小组上年的 Sapphire 产品在亚洲占有较高的份额，贷款在第二季度到期

图 5–3　A 小组 SWOT 分析实例

（三）波特五力模型分析

波特五力模型（Michael Porter's Five Forces Model）又称波特竞争力模型，由迈克

尔·波特（Michael Porter）提出，对企业战略制定产生了全球性的深远影响。它用于竞争战略的分析，可以有效地分析客户的竞争环境。"五力"分别是：供应商的讨价还价能力、购买者的讨价还价能力、潜在竞争者进入的能力、替代品的替代能力、行业内竞争者现在的竞争能力。

波特五力模型将大量不同的因素汇集在一个简化的模型中，以此分析一个行业的基本竞争态势。该模型确定了竞争的五种主要来源。一种可行战略的提出首先应该包括确认并评价这五种力量，不同力量的特性和重要性因行业和公司的不同而变化，如图 5-4 所示。

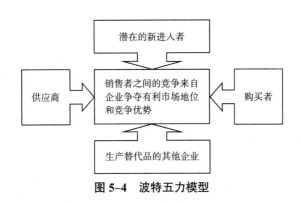

图 5-4　波特五力模型

供应商主要通过提高投入要素价格与降低单位价值质量的能力，来影响行业中现有企业的盈利能力与产品竞争力。购买者主要通过其压价与要求提供较高的产品或服务质量的能力，来影响行业中现有企业的盈利能力。而新进入者在给行业带来新生产能力、新资源的同时，希望能够在已被现有企业瓜分完毕的市场中赢得一席之地，这就有可能会与现有企业发生原材料与市场份额的竞争，最终导致行业中现有企业盈利水平降低，严重时，还有可能危及这些企业的生存。两个处于不同行业中的企业，可能会由于所生产的产品互为替代品，从而在它们之间产生相互竞争行为，这种源于替代品的竞争会以各种形式影响行业中现有企业的竞争战略。大部分行业中的企业，相互之间的利益都是紧密联系在一起的，作为企业整体战略一部分的各企业竞争战略，其目标都在于使自己的企业获得相对于竞争对手的优势，所以，在实施中就必然会产生冲突与对抗现象，这些冲突与对抗就构成了现有企业之间的竞争。

行业中的每一个企业或多或少都必须应对以上各种力量构成的威胁，除非认为正面交锋有必要而且有益处，如要求得到很大的市场份额，否则客户可以通过设置进入壁垒，包括差异化和转换成本来保护自己。当一个客户确定了其优势和劣势时，客户必须进行定位，以便因势利导，而不是被预料到的环境因素变化所损害，如产品生命周期、行业增长速度等，然后保护自己并做好准备，以有效地对其他企业的举动做出反应。

根据上面对于五种竞争力量的讨论，企业可以采取尽可能地将自身的经营与竞争力量隔绝开来、努力从自身利益需要出发影响行业竞争规则、先占领有利的市场地位再发起进攻性竞争行动等手段来对付五种竞争力量，以增强自己的市场地位和竞争实力。表 5-1 列出了波特五力模型与一般战略的关系。

表 5-1　波特五力模型与一般战略的关系

五种力量	一般战略		
	总成本领先战略	差异化战略	集中战略
进入障碍	具备杀价能力以防止潜在对手的进入	培育顾客忠诚度以挫伤潜在进入者的信心	通过集中战略建立核心能力以阻止潜在对手的进入
买方砍价能力	具备向大买家出低价格的能力	因为选择范围小而削弱了大买家的谈判能力	因为没有选择范围使大买家失去谈判能力
供方砍价能力	更好地抑制大买家的砍价能力	更好地将供方的涨价部分转嫁给顾客方	进货量低，供方的砍价能力就高；但集中差异的公司能更好地将供方的涨价部分转嫁出去
替代品的威胁	能够利用低价抵御替代品	顾客习惯于一种独特的产品或服务，因而降低了替代品的威胁	特殊产品和核心能力能够防止替代品的威胁
行业内对手的竞争	能更好地进行价格竞争	品牌忠诚度能使顾客不理睬你的竞争对手	竞争对手无法满足集中差异化顾客的要求

波特五力模型是一种很好的分析工具，但是实践中一直存在着许多争论，它的理论建立在以下三个假定基础之上：

第一，制定战略者可以了解整个行业的信息，显然这在现实中是难以做到的。

第二，同行业之间只有竞争关系，没有合作关系，但现实中企业之间存在多种合作关系，不一定是你死我活的竞争关系。

第三，行业的规模是固定的，因此，只有通过夺取对手的份额来占有更大的资源和市场。但现实中企业之间往往不是通过吃掉对手，而是通过与对手共同做大"行业的蛋糕"来获取更大的资源和市场。同时，市场可以通过不断地开发和创新来增大容量。

波特五力模型的意义在于五种竞争力量的抗争中蕴含着三类成功的战略思想——总成本领先战略、差异化战略和集中战略。在 ERP 沙盘模拟中，各个团队可从三种战略中选择一种作为其主导战略。若选择总成本领先战略，就要在降低产品成本和节约费用上下功夫，如合理的广告投入、建设合适的生产线、合理的借贷等，使自己的总成本低于同类企业。若选择差异化战略，无论开拓市场还是研发产品都要做到"人无我有，人有我优"，避开竞争的矛头。当没有对手开拓国际市场时，及时进入国际市场，当没有对手做 Ruby 产品时，及时研发 Ruby 产品。若选择集中战略，则要根据市场竞争和产品价格走势，以某种产品（如 Ruby 产品）为重点，加大产能，使该产品在一个或多个市场上形成优势。

二、企业营销管理分析

谁占领市场，谁就有话语权。在 ERP 沙盘模拟实训中，市场的占领主要体现为获取订单的多寡。影响订单的因素主要有：某种产品在某市场上的需求、上年的销售额、各组的广告投入。因此，市场预测和竞争对手分析是非常重要的。本部分从市场预测、广告投入产出和市场占有率三个方面评价企业的营销策略。

（一）市场预测分析

1. 市场预测分析

本部分内容参见第二章中"企业的经营环境"。

2. 市场开拓分析

市场细分是由美国著名市场营销学者温德尔·史密斯于 1956 年提出的，是指企业管理者按照细分变数（影响购买者的欲望和需要、购买习惯和行为等），把整个市场细分为若干有不同产品需求和营销组合的市场部分或亚市场，其中任何一个市场部分或亚市场都是一个有着相似的欲望和需要的购买者群体，都可能被选为企业的目标市场。所以市场细分不是从产品出发，而是以区别消费者的不同需求为出发点，然后根据消费者购买行为的差异性，把消费者总体市场划分为很多细分市场，其目的在于使企业选择和确定目标市场，实施有效的营销组合，从而以最少、最省的营销费用取得最佳的经营结果。

在 ERP 沙盘模拟中，按地理变量把总体市场细分为"本地""区域""国内""亚洲"和"国际"5 个市场，其中本地市场是企业已经占有的市场，其余 4 个市场是待开拓的，开拓的周期分别是 1 年、2 年、3 年和 4 年，开拓费用分别为 1M、2M、3M 和 4M。在开拓市场时是集中开拓还是全面进入？有市场才会有订单，有订单企业才会有收入，因此，在有资金支持的条件下，尽量考虑多开拓市场。在争取订单时，根据企业经营的产品，选定主要市场和非主要市场。例如，企业经营的是 Beryl 产品，第 1 年以本地市场为主；第 2 年以本地市场为主，尽量争取区域市场订单；第 3 年以本地和区域市场为主，尽量争取国内市场订单；第 4 年以本地、区域和国内市场为主，尽量争取亚洲市场订单；第 5~6 年以亚洲市场为主，同时争取国际市场的订单。当然，选择开拓什么市场，还要根据竞争对手的情况作出判断。

3. 产品研发分析

波士顿矩阵法是波士顿咨询公司（BCG）于 1970 年提出的一种规划企业产品组合的方法，该矩阵是多元化企业制定战略的有效工具，它通过把企业生产经营的全部产品或业务组合成一个整体进行分析，解决企业相关经营业务之间现金流的平衡问题，如图 5-5 所示。

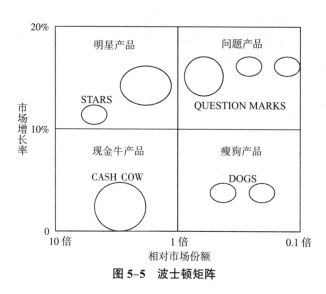

图 5-5　波士顿矩阵

图 5-5 中，横轴"相对市场份额"表示该业务相对于最大的竞争对手的市场份额，用于衡量企业在相关市场上的实力，如 0.1 倍表示该企业该业务的销售量是最大竞争对手销售量的 10%，并以相对市场份额为 1 倍为分界线。纵轴"市场增长率"表示该业务的销售量或销售额的年增长率，用数字 0~20% 表示，并认为市场增长率超过 10% 就是高速增长。

在 ERP 沙盘模拟中，企业有 Beryl、Crystal、Ruby 和 Sapphire 四种产品可选，用生命周期理论分析各产品的生命周期可以看出，在经营的开始阶段，Beryl 产品处于衰退期，Crystal 产品处于成熟期，Ruby 产品处于成长期，Sapphire 产品处于引入期。经波士顿矩阵分析可知，Beryl 产品市场增长率为负值，正在走下坡路，为瘦狗产品，即不可能成为大量现金的源泉，不应追加投入，从长远来看应淘汰。Crystal 产品在市场增长率上已无太多潜力可挖，但卖价较高，有望成为现金牛产品，即能为企业提供较多现金，可用来支持其他产品的研发与生产。Ruby 产品的市场增长迅速，卖价很高，有望成为明星产品，但企业必须投入大量资金以支持其研发。Sapphire 产品必须投入巨资进行研发，研发期长，且市场需求小，但卖价尚可，几乎没有竞争压力，按照"人弃我取"的原则，模拟企业根据实际情况也可考虑研发。

4. 订单获取

（1）在选取订单前，应该做好相关准备。

1）做好市场开拓、产品研发、资金筹措、生产线建设、原材料采购等前期铺垫工作；

2）统计库存，计算产能，计算每季度能产出的产品和数量；

3）策划好产品组合方案，计划用什么订单。

（2）在选择订单时，可遵守如下原则：

1）当订单中的产品数量较多时，选取总额最大的订单；

2）当订单中的产品数量较少时，选取单位毛利最大的订单；

3）当模拟企业的资金紧张时，选取账期最短的订单。

总之，订单的选取要根据模拟企业的具体情况，作出最有利的决策。

（二）广告投入产出分析

广告投入产出分析是评价广告投入收益效率的指标，其计算公式为：

广告投入产出比 = 订单销售总额 ÷ 广告投入

广告投入产出分析用来比较各企业在广告投入上的差异。这个指标告诉经营者本公司与竞争对手之间在广告投入策略上的差异，以警示销售主管深入分析市场和竞争对手，寻求节约成本、以策略取胜的突破口。

表 5-2 是 A~F 组六年中每年的广告投入额度。表 5-3 是 A~F 组六年中每年的产品销售收入金额。应用广告投入产出公式计算出六年总的广告投入产出比，如图 5-6 所示。从图 5-6 中可以看出，C 组每 1M 的广告投入可以为它带来 15.47M 的销售收入，因此广告投入产出比胜过其他组。

表 5-2　各年广告投入情况

单位：百万元

组	1Y	2Y	3Y	4Y	5Y	6Y	合计
A	6	5	9	6	7	16	49
B	20	7	9	3	5	11	55
C	5	7	14	7	5	11	49
D	9	13	9	4	8	12	55
E	5	10	5	10	16	16	62
F	4	14	8	10	10	11	57

表 5-3 各年销售收入情况

单位：百万元

组	1Y	2Y	3Y	4Y	5Y	6Y	合计
A	24	39	61	30	98	261	513
B	15	56	71	84	124	181	531
C	20	54	157	125	150	252	758
D	23	72	71	100	177	102	545
E	5	22	87	133	227	266	740
F	16	38	72	68	137	100	431

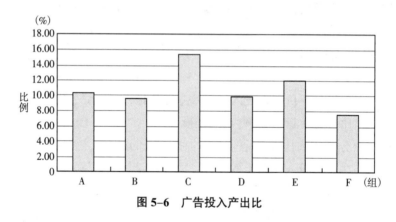

图 5-6 广告投入产出比

（三）市场占有率分析

1. 综合市场占有率

综合市场占有率是指某企业在某个市场上全部产品的销售数量（收入）与该市场全部企业全部产品的销售数量（收入）之比，其计算公式为：

某市场某企业的综合市场占有率 = 该企业在该市场上全部产品的销售数量（收入）÷全部企业在该市场上各类产品总销售数量（收入）× 100%

2. 产品市场占有率

了解企业在各个市场的占有率仅仅是第一步，进一步确知企业生产的各类产品在各个市场的占有率对企业分析市场、确立竞争优势也是非常必要的。其计算公式为：

某产品市场占有率 = 该企业在市场中销售的该类产品总数量（收入）÷市场中该类产品总销售数量（收入）× 100%

市场占有率分析可以在两个方向上展开：一是横向分析，二是纵向分析。横向分析是对同一期间各企业市场占有率的数据进行对比，用以确定某企业在本年度的市场地位。纵向分析是对同一企业不同年度市场占有率的数据进行对比，由此可以看到企业历年来市场占有率的变化，这也从侧面反映了企业成长的历程。

三、企业生产管理分析

沙盘模拟实训前期资金比较重要，后期产能比较重要。在扩大产能时会遇到一些选择问题。例如，上新生产线就会遇到上哪种生产线更好一些的问题，用新生产线会遇到生产什么产品的问题，同时还会遇到产能达到多少为宜的问题等。

（一）生产线选择分析

不同类型生产线的主要区别在于生产效率和灵活性。生产效率是指单位时间生产产品的数量，用产能表示；灵活性是指转产生产新产品时设备调整的难易程度，主要以转产费用的高低和转产周期的长短为标准。我们根据表5-4对各种生产线进行比较分析。

表 5-4 生产线资料

生产线	购买价格	安装周期	搬迁周期	生产周期	转产周期	转产费用	维护费用	出售残值
手工线	5M	1Q	无	3Q	无	无	1M/年	1M
半自动线	10M	2Q	无	2Q	1Q	2M	1M/年	3M
全自动线	15M	3Q	1Q	1Q	2Q	6M	2M/年	6M
柔性线	25M	4Q	1Q	1Q	无	无	2M/年	10M

由表5-4可以得出：

第一，产能较高的是全自动线和柔性线，为4个/年（产能＝4÷生产周期，如全自动线产能为4÷1=4）。全自动线转产时的灵活性没有柔性线好，但柔性线的购买价格较高。

第二，半自动线的优点是价格低，产能不如全自动线，灵活性不如柔性线。在实训中也有公司多上半自动线而取得好成绩的例子。

第三，手工线效率太低（产能为1.3个/年），上新生产线时很少被考虑，但原有三个手工线却可加以利用。手工线灵活性好，原来三个手工线可以看作一个柔性线，在不卖掉的情况下可以随时转产，十分便捷，同时节省投资成本。现将三条手工线同一条柔性线进行比较分析，如表5-5所示。

表 5-5　三条手工线同一条柔性线对比

项目	原有三条手工线	一条柔性线
建设资金（M）	无	25
安装周期（季度 Q）	无	4
转产周期（季度 Q）	无	无
转产费用（M）	无	无
占用机位数（个）	3	1
每年维护费（M）	3	2
折旧费多/少	少	多
第二年能否生产出 Crystal 或 Ruby	不能	能

在 ERP 沙盘模拟中，经常出现用新投资的柔性线生产 Beryl 产品的情况，这样的策略合理吗？究竟应该建设什么样的生产线呢？依照规则，可以从设备的投资回收期考虑。表 5-6 是用各种设备生产不同产品的投资回收期计算表，投资回收期的计算公式为：

回收期（年）＝投入（M）÷[毛利（M）－维修费（M）－利息（M）]＋安装周期（年）

表 5-6　生产线投资回收期计算

生产线	产品	投入（M）	安装周期（年）	产能（个/年）	平均单价（M）	单位成本（M）	毛利（M）	维修费（M）	利息（M）	回收期（年）	利息（M）	回收期（年）
									短贷（5%）		长贷（10%）	
手工线	Beryl	5	0.25	1	4.76	2	2.76	1	0.25	3.56	0.5	4.22
半自动线	Beryl	10	0.50	2	4.76	2	5.52	1	0.50	2.99	1.0	3.34
全自动线	Beryl	15	0.75	4	4.76	2	11.04	2	0.75	2.56	1.5	2.74
柔性线	Beryl	25	1.00	4	4.76	2	11.04	2	1.25	4.21	2.5	4.82
手工线	Crystal	5	0.25	1	10.20	5	5.20	1	0.25	1.52	0.5	1.60
半自动线	Crystal	10	0.50	2	10.20	4	12.40	1	0.50	1.42	1.0	1.46
全自动线	Crystal	15	0.75	4	10.20	4	24.80	2	0.75	1.43	1.5	1.45
柔性线	Crystal	25	1.00	4	10.20	4	24.80	2	1.25	2.16	2.5	2.23
手工线	Ruby	5	0.25	1	9.12	6	3.12	1	0.25	2.92	0.5	3.34
半自动线	Ruby	10	0.50	2	9.12	5	8.24	1	0.50	1.98	1.0	2.10
全自动线	Ruby	15	0.75	4	9.12	4	20.48	2	0.75	1.60	1.5	1.63
柔性线	Ruby	25	1.00	4	9.12	4	20.48	2	1.25	2.45	2.5	2.56
手工线	Sapphire	5	0.25	1	10.98	8	2.98	1	0.25	3.14	0.5	3.63
半自动线	Sapphire	10	0.50	2	10.98	6	9.96	1	0.50	1.68	1.0	1.76
全自动线	Sapphire	15	0.75	4	10.98	6	19.92	2	0.75	1.62	1.5	1.66
柔性线	Sapphire	25	1.00	4	10.98	5	23.92	2	1.25	2.21	2.5	2.29

从表 5-6 中的数据分析可以看出，投资所有类型的生产线生产 Beryl 产品，以及投资手工线生产 Sapphire 产品，投资回收期都较长，是不可取的。另外，用柔性线生产所有产品的投资回收期也比全自动线和半自动线要长一些。因此，在 ERP 沙盘模拟中，应根据产品选择投资合理的生产线。

（二）产能总量分析

根据市场预测数据，对每种产品的逐年需求量作出了统计，如表 5-7 所示。

表 5-7　每年产能需求量统计

年度	Beryl	Crystal	Ruby	Sapphire	合计（个）	6组平均取整（个）
第 1 年	21				21	4
第 2 年	25	16	5		46	8
第 3 年	35	34	15		84	14
第 4 年	49	48	24	10	131	22
第 5 年	53	48	33	15	149	25
第 6 年	41	44	31	23	139	23

从表 5-7 的数据可以看出，从第 1 年至第 6 年，每组平均可分到的产品数量分别为 4 个、8 个、14 个、22 个、25 个和 23 个。因此，可以参考该数据，并结合本企业的实际情况来安排产能。

（三）产能的计算及采购计划

1. 产能计算图示法

产能计算图示法，即用图例的方式标注生产线当前处在的工序点，再根据生产线的生产周期，计算出产出产品的时点，并用图例予以标注。该方法简单明了。图 5-7 列出了四种生产线的产能情况。其中，半自动线上，状态 1 没有在制品，在 1Q 投产，可以在 3Q 产出 1 个产品；状态 2 可在 2Q 和 4Q 各产出 1 个产品。状态 3 可在 1Q 和 3Q 各产出 1 个产品。全自动线（柔性线），状态 4 可在 2Q、3Q、4Q 各产出 1 个产品；状态 5 可在 1Q、2Q、3Q、4Q 各产出 1 个产品。手工线上，状态 6 可在 4Q 产出 1 个产品；状态 7 可在 3Q 产出 1 个产品；状态 8 可在 2Q 产出 1 个产品；状态 9 可在 1Q、4Q 各产出 1 个产品。

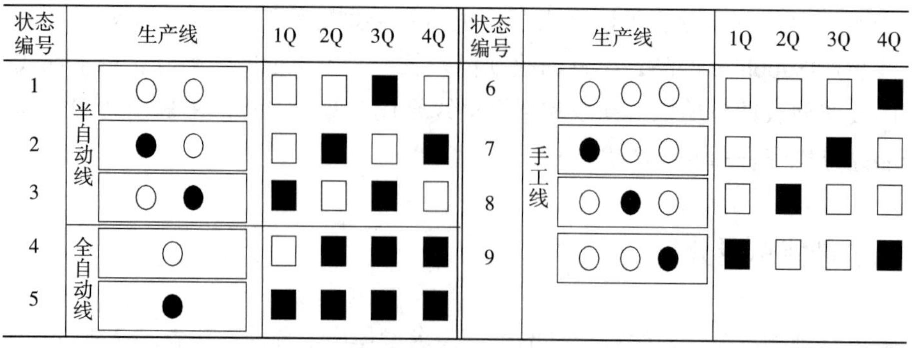

图 5-7　生产线产能

2. 表格计算编制法

编制采购及生产计划可采用表格计算编制法，如图 5-8 所示。通过画表格的方法可以准确地计算出每年每个季度每条生产线的产量及原材料的需求数量，并按照季度汇总产品数量和原材料需求量，根据不同原材料采购提前期，计算出每个季度原材料的下单数量。

生产线		第 0 年				第 1 年				第 2 年			
		4Q	1Q	2Q	3Q	4Q	1Q	2Q	3Q	4Q	1Q	2Q	3Q	4Q
1. 手工线	产品				B		B			B			B
	物料				M1		M1			M1				M1
2. 手工线	产品					B		B			B		
	物料					M1	M1			M1			
3. 手工线	产品			B		B		B			B		
	物料		M1		M1		M1			M1			
4. 半自动线	产品			B		B			C		C		C
	物料		M1		M1		B,M2			B,M2		B,M2	
合计	产品		1B	1B	1B	3B	1B	2B,1C		1B,1C	2B	1C	1B
	物料		1M1	1M1	M1	3M1	1M1	2M1,1M2,1B		1M1,1M2,1B	2M1	1M2,1B	1M1
下采购订单	物料	1M1	1M1	M1	3M1		1M1	2M1,1M2		1M1,1M2	2M1	1M2	1M1

图 5-8　采购及生产计划编制

以图 5-8 为例，表格计算编制法的步骤如下：

（1）将所有生产线按盘面上的顺序列在表格中，并编号。如"1. 手工线""2. 手工线""3. 手工线""4. 半自动线"。

（2）根据当前在制品所在工序点和不同生产线的生产周期，分别将完工的产品在表格中标示出来，详细计算方法参见产能计算图示法。例如，1 号手工线会在第 1 年的 3Q、第 2 年的 2Q、第 3 年的 1Q 和 4Q 各产出 1 个 Beryl 产品。如果有转产的情况，应该考虑转产的周期。若4号半自动线在第1年4Q时转产，由原来生产Beryl转为生产Crystal，转产期为1Q，则4号半自动线会在第1年的2Q和4Q各产出1个Beryl产品，在第2年的3Q、第3年的1Q和3Q各产出1个Crystal。

（3）按照完工当期就投入生产的原则，根据产品物料需求计划（BOM）结构，把需要的物料标示在表格中。例如，2号手工线在第1年4Q产出1个Beryl，当期立即投产Beryl，Beryl需要的物料是1个M1。

（4）按照季度统计产出产品数量和物料需求数量。例如，在第1年4Q产出3个Beryl，投产时需要3个M1。

（5）根据不同物料不同的采购提前期，计算出下采购订单的数量和时间。物料M1、M2采购提前期为1Q，物料M3、M4为2Q，若在第2年3Q需要2个M1和1个M2，就需要在同年2Q下同样数量的订单。当然，在下订单时还需要扣减当期已有的库存。

四、企业盈利能力及财务分析

现金流是企业的血液，资金的来源主要靠产品销售收入，若企业盈利能力强，则企业的资金就会不断增多，企业就能实现目标。大部分企业经营失败并不是由于亏损，而是由于资金周转不畅，导致不能及时偿还债务，无法购买原材料等生产物资，无法参与广告竞争。所以，有必要对企业的盈利能力及财务状况进行分析，以提醒财务总监及时做好现金预算，控制企业财务风险。

（一）盈利能力分析

盈利能力就是企业赚取利润的能力。不论是股东、债权人还是企业的经营管理人员，都非常重视和关心企业的盈利能力。反映企业盈利的指标很多，通常使用的主要有销售利润率、资产利润率、净资产收益率等。

1. 销售利润率

销售利润率是指净利润与销售收入的百分比。其计算公式为：

销售利润率 =（净利润 ÷ 销售收入）× 100%

销售利润率反映了每100元销售额所带来的净利润。例如，ERP沙盘模拟实训的初始年度的销售收入为36M，实现的净利润为6M，计算出的销售利润率为16.67%。

2. 资产利润率

资产利润率是企业净利润与平均资产总额的百分比。资产利润率的计算公式为：

资产利润率 ＝（净利润 ÷ 平均资产总额）× 100%

该指标反映的是企业资产利用的综合效果。该指标越高，表明资产的利用效率越高，说明企业在增加收入和节约资金方面取得了良好的效果。资产利润率是一个综合指标，反映了债权人和股东投入两方面资产的收益情况。例如，ERP 沙盘模拟实训的初始年度的净利润为 6M，资产的期初数为 104M，期末数为 129M，计算出的资产利润率为 5.15%。

3. 净资产收益率

净资产收益率是净利润与平均净资产的百分比，也叫净资产报酬率或权益报酬率。其计算公式为：

净资产收益率 ＝（净利润 ÷ 平均净资产）× 100%

该指标反映的是公司所有者权益的投资报酬率。例如，ERP 沙盘模拟实训的初始年度的净利润为 6M，所有者权益的期初数为 61M，期末数为 67M，计算出的净资产收益率为 9.38%。

（二）偿债能力分析

企业的偿债能力反映的是企业对长期借款、短期借款等债务在某一个时点所具有的还本付息的能力。ERP 沙盘模拟实训中涉及的债务有长期贷款、短期贷款、高利贷三种。合理地利用好三种借款方式，最重要的就是要选择合适的时间、合适的方式，而在这之前必须进行偿债能力的分析。为了充分和财务理论相结合，该部分将从短期偿债能力和长期偿债能力两个方面进行分析。

1. 短期偿债能力分析

对于 ERP 沙盘模拟实践训练，要关注短期贷款和高利贷两种短期负债的偿付能力的分析。短期贷款的借贷时间是每个季度的初期，期限为 1 年，到期还本付息；高利贷的贷款时间是任何时间，期限为 1 年，到期还本付息。一般情况下，高利贷的利率高于长期贷款，长期贷款高于短期贷款。

短期偿债能力在财务上是用流动比率、速动比率和现金比率来反映的。

（1）流动比率。流动比率是流动资产除以流动负债的比值。其计算公式为：

流动比率 ＝ 流动资产 ÷ 流动负债

从 ERP 沙盘模拟实训来看，其涉及的流动资产有现金、应收账款、存货三项，而流动负债则包括短期贷款、高利贷、应交税费三项。流动比率指标关注的是流动负债到期的时候是否有足够的现金流来偿付其本金和利息。一般认为，生产企业合理的最低流动比率为2。这是因为流动资产中变现能力最差的存货金额约占流动资产总额的一半，剩下的流动性较大的流动资产至少要等于流动负债。

在ERP沙盘模拟实训的每一个年度末，要求提交相应的资产负债表，从资产负债表可以计算出流动比率指标，在对该指标进行分析时，不要仅仅关注其计算结果，更重要的是关注组成该指标的流动资产和流动负债，它们各自的组成及其所组成部分的具体账期，特别是要对流动资产中的存货进行具体分析；存货往往是由在制品、产成品和原材料共同组成的，原材料转化为现金还要经历在制品、产成品、应收账款环节。如果选择生成周期最短的全自动线（或者柔性线），并且所获订单要求的账期为零，原材料转化为现金也需要2个账期。而实际经营的时候，零账期的订单很少，这样看来，存货中的原材料不能够增加对短期负债的偿付能力，同样，在产品的偿付能力也很低。综合分析，产成品相对来说是模拟实训中具有一定偿付能力的存货（这还要取决于是否有订单，以及订单所要求的账期）。

（2）速动比率。速动比率是从流动资产中扣除存货部分的流动比率。其计算公式为：

速动比率＝（流动资产－存货）÷流动负债

速动比率将存货从流动资产中剔除，从ERP模拟实训所提供的经营环境来看，最为主要的原因就是存货的变现速度是流动资产中最慢的，有些种类的存货转化现金往往已经超过4个账期（一个年度），这些存货的存在就夸大了流动比率所反映的短期偿债能力。把存货从流动资产总额中减去而计算出的速动比率反映的短期偿债能力更能让人信服。

通常认为正常的速动比率为1，低于1的速动比率往往被认为是短期偿债能力偏低。当然，具体合适的比率应该视不同的行业而加以调整，如采用大量现金交易的商店，几乎没有应收账款，速动比率大大低于1也是很正常的。影响速动比率可信性的重要因素是应收账款的变现能力，即应收账款账期的长短和产生坏账的可能性。就ERP沙盘模拟实训来看，应收账款对速动比率指标的影响主要是账期的长短，当应收账款账期大于流动负债要求的偿还期时，就会加剧风险。

（3）现金比率。现金比率是企业现金类资产与流动负债的比率，现金类资产包括企业所拥有的货币性资金和持有的有价证券（资产负债表中的短期投资），它是速动资产扣除应收账款后的余额。其计算公式为：

现金比率＝（流动资产－存货－应收账款）÷流动负债

现金比率能反映企业直接偿还流动负债的能力。如果在ERP沙盘模拟实训中使用该指标，可以保证流动负债的绝对偿付，但使用该指标则会要求企业保持较大的现金存量，从而错过或者延迟构建企业生产线、进行产品研发和开拓市场的时间，并最终让企业失去发展机遇。

2. 长期偿债能力分析

长期偿债能力分析关注的是企业对长期债务的偿付能力，具体到 ERP 沙盘模拟实训，则是关注长期贷款的偿付。长期贷款的贷款时间是每年末，每年底付息，贷款期限为 4 年。

（1）资产负债率。资产负债率是负债总额除以资产总额的百分比，也就是负债总额与资产总额的比例关系。资产负债率反映在总资产中有多大比例是通过借债来筹集的，也可以衡量企业在清算时保护债权人利益的程度。其计算公式为：

资产负债率 = 负债总额 ÷ 资产总额 × 100%

资产负债率反映债权人提供的资本占全部资本的比例。债权人关心的是贷款的安全，即到期能否按时收回本金和利息。而对于股东来说，通过借款，可以在较短的时间内扩大规模，只要其投资报酬率高于借款利息率，就可以获得超额回报，而如果实际的资本报酬率低于借款利息，则会侵蚀股东自己的利润。所以股东在进行借款的时候，一定要保持一个合理的资产负债率。

ERP 沙盘模拟实训中，初始年度末，企业的总资产是 129M，总负债是 62M，企业的资产负债率是 40.06%，现金持有量是 46M。在这样的局面下继续经营，经营者不同的经营理念就会有相应的筹资策略。如果经营团队是偏风险的，其必然会加大筹资力度，在发放股票受到限制的情况下，贷款是其唯一的选择。通过短期贷款或者长期贷款，扩大现金储备，而充足的现金让经营者在生产线的扩建、产品研发、市场开拓以及广告策略的制定上都有更多的选择，但高的负债率，要求必须制定好的广告策略，获得足够的广告订单，从而可以有现金流来还本付息，这样的经营方式可以让模拟企业获得高速发展，也可能使模拟企业资金链断裂而提前倒闭。如果经营团队是风险中性的，其可以保持现有的经营模式，不是通过借款，而是在现有的生产线、产品和市场状况下，稳步经营，获得足够的现金流后，再努力取得进一步的发展，这样的经营理念是完全通过自身的发展来逐步壮大自己，也就是"先活着，再好好地活着"。这样的经营方式让企业可以保持一个较低的资产负债率，其经营过程的初期风险较小，但可能失去先发优势，而被先发企业淘汰出局。

（2）产权比率。产权比率是负债总额与股东权益总额之比，也叫债务股权比率。其计算公式为：

产权比率 =（负债总额 ÷ 股东权益总额）× 100%

该项指标是反映由债权人提供的资本和股东提供的资本的相对关系，反映企业的资本结构是否稳定。产权比率高，是高风险、高报酬的资本结构；产权比率低，是低风险、低报酬的资本结构。例如，ERP 沙盘模拟实训初始年度，总负债为 43M，所有者权益为 61M，则计算出的产权比率为 70.49%，具有较好的资本结构。

（3）已获利息倍数。已获利息倍数指标是指企业息税前利润与利息费用的比率（息税前利润是指损益表中未扣除利息费用和所得税之前的利润。它可以用税后利润加所得税再加利息费用计算得出），用以衡量企业偿付借款利息的能力，也叫利息保障倍数。其计算公式为：

已获利息倍数 = 息税前利润 ÷ 利息费用

已获利息倍数指标反映企业息税前利润为所支付的债务利息的倍数。只要已获利息倍数足够大，企业就有充足的能力偿付利息。如何合理确定企业的已获利息倍数，在实际经营过程中，是将企业的这项指标与其他企业，特别是本行业的平均水平进行比较，来分析决定本企业的指标水平。对于 ERP 沙盘模拟实训中所涉及的企业，它们初始年度的企业财务状况都是一样的，初始年度初期的息税前利润为 11M，利息费用为 2M，可以计算出已获利息倍数为 5.5，该指标从目前来看，应该是合理的。但随着企业业务的展开，贷款费用的增加会相应地增加每一年度的利息费用，生产线的扩展、市场的开拓、产品的研究、ISO 认证等费用在初期也必将显著增加，从而使已获利息倍数这一指标变小，甚至让利润为负，这表明企业财务状况非常紧张，利息支付压力将会很大。

（三）营运能力分析

营运能力反映的是企业在资产管理方面效率的高低，这方面的财务指标有应收账款周转率、存货周转率、资产周转率等。

1. 应收账款周转率

应收账款周转率是反映应收账款周转速度的指标，也就是年度内应收账款转为现金的平均次数，它说明了应收账款流动的速度。其计算公式为：

应收账款周转率 = 销售收入 ÷ [（期初应收账款 + 期末应收账款）÷ 2]

一般来说，应收账款周转率越高，平均收现期越短，说明应收账款的收回越快。企业设置的标准值为 3。例如，ERP 沙盘模拟实训的初始年度的销售收入为 36M，应收账款的期初数为 14M，期末数为 0，计算出的应收账款周转率为 514.29%，即应收账款的平均周转天数为 70.04 天。该指标和企业在每个年度初期所获得的订单的账期密切相关。

2. 存货周转率

存货周转率是衡量和评价企业购入存货、投入生产、销售收回等各环节管理状况的综合性指标。它是销售成本被平均存货所除而得到的比率。其计算公式为：

存货周转率 = 产品销售成本 ÷ [（期初存货 + 期末存货）÷ 2]

一般来讲，存货周转率速度越快，存货的占有水平越低，流动性越强，存货转化为现金、应收账款的速度越快。企业设置的标准值为 3。例如，ERP 沙盘模拟实训的初始年度的销售成本为 12M，存货的期初数为 14M，期末数为 15M，计算出的存货周转率为 82.76%，即存货的平均周转天数为 434.99 天。存货周转率的期初数据反映出存货的周转速度是很慢的，这可能和企业初始经营时的生产线大多为手工线有极大关系（用手工线进行生产，从原材料到产成品，至少需要一个年度的时间）。另外，初期的订单量较少也是原因之一（足够的订单才能够让产成品转化为应收账款或者现金）。

3. 资产周转率

资产周转率是销售收入与平均资产总额的比值。其计算公式为：

资产周转率 = 销售收入 ÷ [（期初资产总额 + 期末资产总额）÷ 2]

该项指标反映资产总额的周转速度。周转越快，反映销售能力越强。企业设置的标准值为 0.8。例如，ERP 沙盘模拟实训的初始年度的销售收入为 36M，资产的期初数为 104M，期末数为 129M，计算出的资产周转率为 30.9%。资产周转率的期初数据反映出企业总资产的周转速度是很慢的，当然，周转慢的原因是在企业经营初始年，市场开拓、产品研发以及生产能力等都处于投入期，企业的销售量很低，从而决定资产周转率较低，这是符合企业的生命周期的。如果企业在经营的以后年度中该指标没有得到改善的话，企业的经营状况必然会恶化。

（四）杜邦财务分析

1. 杜邦分析法概念

杜邦分析法（DuPont Analysis）是利用几种主要的财务比率之间的关系来综合地分析企业的财务状况。具体来说，它是一种用来评价公司盈利能力和股东权益回报水平，从财务角度评价企业绩效的一种经典方法，如图 5-9 所示。其基本思想是将企业净资产收益率逐级分解为多项财务比率乘积，这样有助于深入分析比较企业经营业绩。由于这种分析方法最早由美国杜邦公司使用，故名杜邦分析法。

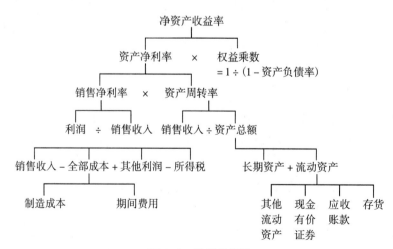

图 5-9 杜邦分析法

2. 杜邦分析法的特点

（1）杜邦分析法最显著的特点是将若干个用以评价企业经营效率和财务状况的比率按其内在联系有机地结合起来，形成一个完整的指标体系，并最终通过权益收益率来综合反映。

（2）杜邦分析法可使财务比率分析的层次更清晰、条理更突出，为报表分析者全面仔细地了解企业的经营和盈利状况提供方便。

（3）杜邦分析法有助于企业管理层更加清晰地看到权益资本收益率的决定因素，以及销售净利润率与总资产周转率、债务比率之间的相互关联关系，给管理层提供了一张明晰的考察公司资产管理效率和是否最大化股东投资回报的路线图。

3. 杜邦分析法的基本思路

（1）权益净利率是一个综合性最强的财务分析指标，是杜邦分析系统的核心。

（2）资产净利率是影响权益净利率最重要的指标，具有很强的综合性，而资产净利率又取决于销售净利率和总资产周转率的高低。总资产周转率是反映总资产的周转速度。分析资产周转率，需要对影响资产周转的各因素进行分析，以判明影响公司资产周转的主要问题在哪里。销售净利率反映销售收入的收益水平。扩大销售收入、降低成本费用是提高企业销售利润率的根本途径，而扩大销售同时也是提高资产周转率的必要条件和途径。

（3）权益乘数表示企业的负债程度，反映了公司利用财务杠杆进行经营活动的程度。资产负债率高，权益乘数就大，这说明公司负债程度高，公司会有较多的杠杆利益，但风险也高；反之，资产负债率低，权益乘数就小，这说明公司负债程度低，公司会有较少的杠杆利益，但相应所承担的风险也低。

4. 杜邦分析法的财务指标关系

杜邦分析法中几种主要的财务指标关系为：

净资产收益率（ROE）＝资产净利率（净收入÷总资产）×权益乘数（总资产÷总权益资本）×100%

资产净利率（净收入÷总资产）＝销售净利率（净收入÷总收益）×资产周转率（总收益÷总资产）×100%

净资产收益率（ROE）＝销售净利率（NPM）×资产周转率（AU）×权益乘数（EM）×100%

在杜邦体系中，包括以下四种主要的指标关系：

（1）净资产收益率是整个分析系统的起点和核心。该指标的高低反映了投资者的净资产获利能力的大小。净资产收益率是由销售净利率、总资产周转率和权益乘数决定的。

（2）权益乘数表明了企业的负债程度。该指标越大，企业的负债程度越高，它是资产权益率的倒数。

（3）资产净利率是销售利润率和总资产周转率的乘积，是企业销售成果和资产运营的综合反映，要提高总资产收益率，必须增加销售收入，降低资金占用额。

（4）总资产周转率反映企业资产实现销售收入的综合能力。分析时，必须综合销售收入分析企业资产结构是否合理，即流动资产和长期资产的结构比率关系。同时还要分析流动资产周转率、存货周转率、应收账款周转率等有关资产使用效率指标，找出总资产周转率高低变化的确切原因。

5. 杜邦分析法的步骤

（1）从权益报酬率开始，根据会计资料（主要是资产负债表和利润表）逐步分解计算各指标。

（2）将计算出的指标填入杜邦分析图。

（3）逐步进行前后期对比分析，也可以进一步进行企业间的横向对比分析。

在 ERP 沙盘模拟实训的起始年末，根据初始年资产负债表（见表 4-11）和利润表（见表 4-10），采用杜邦分析法，计算出相关指标，并标注在杜邦分析图上，如图 5-10 所示。

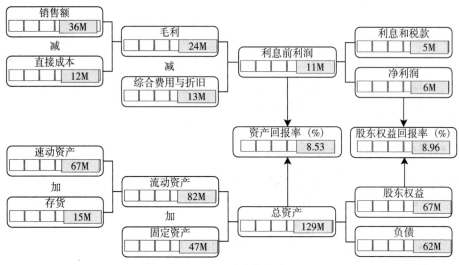

图 5-10 ERP 沙盘杜邦分析法

销售利润率＝净利润 ÷ 销售收入 ×100%＝6÷36×100%＝16.67%

资产周转率＝销售收入 ÷ 资产总额 ×100%＝36÷129×100%＝27.91%

资产净利率＝销售利润率 × 资产周转率 ×100%＝16.67%×27.91%×100%＝4.65%

权益乘数＝1÷（1-资产负债率）＝1÷（1-62÷129）×100%＝192.53%

净资产收益率＝销售净利率 × 资产周转率 × 权益乘数 ×100%＝16.67%×27.91%× 192.53%×100%＝8.96%

五、企业筹资及投资分析

（一）企业筹资分析

1. 筹资渠道

（1）长期贷款。当公司需要资金时，可以向银行申请长期贷款，一般情况下，长期贷款多用于回收周期较长的固定资产投资项目。长期贷款的额度取决于本公司上年末所有者权益的多少。如果公司新申请的长期贷款金额加现有贷款（长期贷款＋短期贷款）余额小于或等于本公司上年末所有者权益余额的两倍，则银行将批准该项申请。每个公司每年只在年末有一次申请长期贷款的机会。

（2）短期贷款。当公司需要资金时，也可以向银行申请短期贷款，短期贷款多用于公司资金短期周转。短期贷款的额度也取决于本公司上年末所有者权益的多少。如果公司新申请的短期贷款金额加现有贷款（长期贷款＋短期贷款）余额小于或等于本公司上年末所有者权益余额的两倍，则银行将批准该项申请。每个公司每年只在每个季度初有一次申请短期贷款的机会。

（3）贴现。所谓贴现，在这里是指将尚未到期的应收账款提前兑换为现金，但须按比例（参考第三章内容）支付给银行一定贴现息，多用于公司资金应急。

（4）高利贷。当公司资金紧张时，还可以向银行申请高利贷，高利贷贷款时间和额度没有限制，但利率比较高，公司应谨慎选用。

（5）融资租赁。公司拥有的厂房可以出售。出售后的厂房仍可以使用，但需要支付租金。从财务角度看，这相当于获得一笔贷款，租金相当于利息。在起始年，企业拥有的自主厂房为大厂房。大厂房的价值为40M，资金短缺时可以考虑出售。出售所得为2个账期的应收账款40M。

2. 筹资策略

筹资是为了投资和维持企业运行服务的。所以其管理要点在于对现金流量和现金存量的控制。而要进行现金流量和现金存量的控制，就应该熟悉本企业现金流入、现金流出和现金存量的运动特点。图5-11显示了公司各项开支的基本特点。

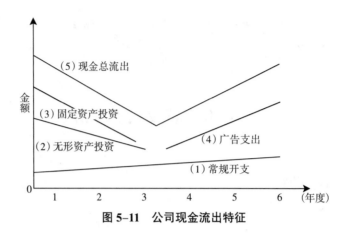

图 5-11 公司现金流出特征

（1）常规开支。常规开支包括管理费用、生产线维护费用、利息等。这些开支的主要特点是与短期决策无关，即从短期看，是必须用现金支付的费用。由于生产线总体上呈增加态势，所以本类开支总体上是逐步增加的。

（2）无形资产投资。无形资产投资包括产品研发、市场开拓、ISO 认证投资等。这些开支的特点是取决于无形资产投资决策，本身无法收回，只能通过销售产品补偿；还表现为初期开支额可能较大，越往后越小，后期基本不支出。

（3）固定资产投资。固定资产投资包括生产线投资和厂房投资，通常表现为"两头高扬中间低陷"的形态。这是由固定资产投资的特点决定的，即初期扩大生产能力，也有财务力量支持；中期财务吃紧，暂停投资；后期现金充裕，继续加大投资规模。

（4）广告支出。广告支出直接取决于年度营销策略，受制于财务能力和经济效益。

（5）现金总流出。这条线是下面各条线累加上去的，所以这条线显示了现金总流出的特征。

就一般情况而言，正常发展的公司的经营现金净流入应该是逐年递增的，如图 5-12 所示。

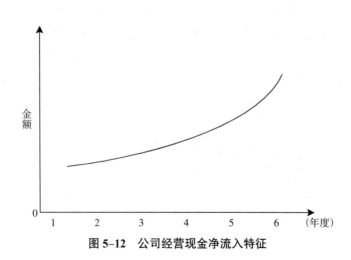

图 5-12 公司经营现金净流入特征

图 5-13 显示的是公司力图达到的现金存量运动曲线。

公司开始的现金余额主要取决于起始状态。初期的大幅度下降是各种投资的结果，中后期在保持低水平存量的基础上略有上升。总之应在动态中保证现金不断流但也不要积压。

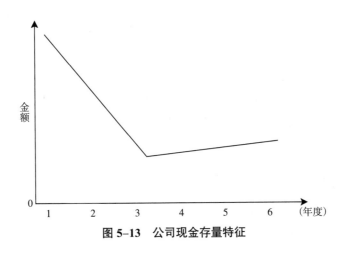

图 5-13　公司现金存量特征

3. 筹资评价

（1）最大限度地满足企业发展的需要。资金是企业的血液，处于发展中的企业更需要大量的资金。能否有充裕的资金，从根本上决定了企业的发展空间和发展速度。

（2）资金成本最低。资金成本是指企业为筹集和使用资金而付出的代价，包括资金筹集费用和资金占用费用两部分。资金筹集费用指资金筹集过程中支付的各种费用。资金占用费用是指占用他人资金应支付的费用，如股东的股息、红利、债券及对银行借款支付的利息。资金成本的计算公式为：

资金成本 = 每年的用资费用 ÷（筹资总额 - 筹资费用）

资金成本在投资决策中的作用表现如下：①在利用净现值指标进行投资决策时，常以资金成本作为折现率；②在利用内部收益率指标进行决策时，一般以资金成本作为基准收益率。

追求最低的筹资成本，是财务管理的基本概念。但怎样将之贯彻于所管理的企业，效果如何，这就要看管理者的管理水平了。在前面提及的多种筹资方式中，如何做到筹资成本最低，在技术层面考虑清楚是起码的要求。

首先，必须非常清楚每种筹资方式的实际利率水平。可以利用财务管理的"名义利率"和"实际利率"指标。这里需要注意利息支付的时点、现金取得和归还的时点、名义利率中利息是从本金中扣除还是另行支付等问题。

名义利率与实际利率的公式为：

$$r = i + p$$

其中，r 为名义利率；i 为实际利率；p 为借贷期内物价水平的变动率，它可能为正，也可能为负。

除此之外，还需要关心款项的有效使用期。例如，出售厂房，实际开始使用时间应从出售往回推 2 个账期；如果贴现，还需要考虑贴现利息等。

其次，每种筹资方式的机会也很重要。机会在这里指规定的时点、当前的额度、利息的支付方式等。

在 ERP 沙盘模拟实训中，提供的筹资渠道及相应的筹资成本如表 5-8 所示。

表 5-8　筹资渠道及相应的筹资成本

筹资渠道	金额（M）	周期（Q）	利率 / 贴现率（%）	每季度成本（M/ 季度）
长期贷款	40	4	10	1
短期贷款	40	4	5	0.5
高利贷	40	4	20	2
出售厂房贴现	40	2	10	1

（3）资本效率最高。一般来说，在资产负债表的左边，越靠上的资产形态盈利能力越低，越靠下的越高。如果筹集采用的大量资金都以现金形式存放，虽然支付方面不会出现紧张局面，但由于需要支付利息，会增大企业的财务费用负担。

无形资产和固定资产的变现能力很差，通常只能通过有效经营收回投资并获取利润。如果仅仅为了压缩现金库存而盲目投资，势必会造成更大的损失。

（4）优化资本结构，降低筹资风险。在筹资过程中合理选择和优化筹资结构，做到长、短期资本，债务资本和自有资本的有机结合，有效地规避和降低筹资中各种不确定性因素给企业带来损失的可能性。

（5）合理确定资金需要量，科学安排筹资时间。通过预算手段完成资金的需求量和需求时间的测定，使资金的筹措量与需要量达到平衡，防止因筹资不足而影响生产经营或因筹资过剩而增加财务费用。

总之，比较理想的筹资表现为不仅在总额上充分满足企业发展的需要，更在时间上与投资节奏能够协调。至少要通过以下两项衡量：①投资收益大于筹资成本；②保持最低的安全现金存量。

（二）企业投资分析

1. 固定资产投资

固定资产投资主要包括厂房投资和生产线投资。

（1）厂房投资。每个公司最多可以购买和使用三个厂房。其中购买大厂房需要 40M 现金；购买中厂房需要 30M 现金；购买小厂房需要 15M 现金。大厂房最多可容纳 4 条生产线；中厂房可容纳 3 条生产线；小厂房最多可容纳 2 条生产线。

（2）生产线投资。生产线必须安装在厂房内。公司可选择的生产线有四种，即手工线、半自动线、全自动线和柔性线。

2. 无形资产投资

无形资产投资包括市场开拓投资、产品研发投资和 ISO 认证投资等。

（1）市场开拓投资。在 ERP 沙盘模拟中，在起始年，每个公司都只在一个市场（本地市场）中营销。后期还有区域、国内、亚洲、国际四个新市场。但这四个新市场都需要为开拓进行投资，还需要相应的开拓时间。各新市场可同步开拓，按开拓周期平均支付开拓资金。在新市场开拓过程中，如遇资金不足等问题，可以暂停开拓，待原因消除后，还可以继续开拓。原投资仍然有效，但整个开拓期相应延长。市场开拓投资包括渠道建设、人员招聘、相应机构的组建等。

（2）产品研发投资。在 ERP 沙盘模拟中，起始年，每个公司都只生产一种产品 Beryl。后期有 Crystal、Ruby 和 Sapphire 三种产品可以研发。Crystal、Ruby 和 Sapphire 产品的技术含量依次增加，因此将这几种新产品引入本公司进行研发并投产的投资额依次递增，分别是 4M、12M 和 16M。

（3）ISO 认证投资。ISO 认证分为 ISO 9000 认证和 ISO 14000 认证。随着市场的拓展和观念的更新，客户日益重视产品质量保证和环境保护。ISO 认证在市场营销中的地位日益重要。公司进行 ISO 认证，都需要进行投资，还需要相应的时间。其中，ISO 9000 认证需要用 1 年时间，共投入 1M 金额完成；ISO 14000 认证需要用 2 年时间，共投入 2M 金额完成。

3. 投资策略

（1）生产线特征分析。建立如图 5-14 所示坐标系，四种生产线的特征可以由该坐标系的四个象限表示。传统的手工线生产效率很低，但由于是手工操作，所以灵活性很强。半自动线使用了部分机械，因此灵活性大大降低；生产效率虽有所提高，但与全自动线和柔性线相比，仍显得很低。全自动线生产效率达到最高，但由于全部使用机械，因此转产非常困难，需要投入最大的转产开支并需要花费最多的转产时间。柔性线采用了现代计算机控制技术，不仅保持了最高的生产效率，还拥有很高的灵活性，随时可以转产任何产品。转产的时间耗费和资金耗费都为零。

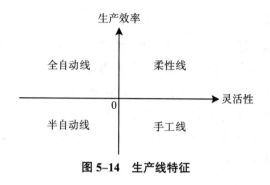

图 5-14　生产线特征

（2）生产线投资策略。根据上述生产线特点，生产线投资要点如下（见图 5-15）：

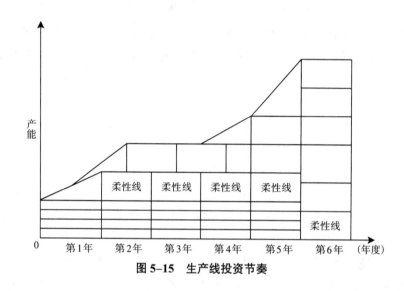

图 5-15　生产线投资节奏

1）最大可能地提高产能。从一开始就注意发展产能，从战略上考虑应在结束前把全部可能的厂房空间占满。新增生产线主要考虑全自动线。生产效率最高，开支相对较低。

2）注意与市场需求的扩大协调。尤其是五个市场逐步开发完成后，市场将从供过于求转化为供不应求。

3）柔性线虽然花费较大，但有利于生产的产品结构保持一定的灵活性，便于营销总监的市场运作。可考虑投资一条。

4）注意新生产线开始投产的时候应事先考虑好准备生产的产品，即应注意与新产品研发的衔接。

5）掌握适当的时机淘汰旧的落后的生产线。发展生产力很重要，但时刻不要忘记现金留存，千万不能断流。

4. 投资要点

（1）无形资产投资要点。早投资、早见效、早受益、多受益。

有些无形资产（如市场开拓、ISO 认证等）一经开发完成就需要连续维持投入，因此应注意见效时点。无形资产投资全部计入当年损益，所以不仅要考虑现金流，还需要考虑所有者权益，以及由所有者权益限制的贷款额度等。市场领导者地位也是一项重要的很有价值的无形资产，但应正确地衡量投入产出效益。

（2）厂房投资要点。厂房既是融资手段，也是投资项目（相当于"蓄水池"）。相对于租赁，购买厂房可获得相当大的投资收益率。考虑到资金的时间价值，出售厂房应在当年较早的时点，而购买厂房应在年终。一般情况下，厂房应在现金比较宽裕的年度买进，这样，企业不仅会获得投资收益，还会有利于业绩增长。

（3）并行投资。并行投资源于并行工程思想，并行工程是集成地、并行地设计产品及其相关过程（包括制造过程和支持过程）的系统方法。这种方法要求产品开发人员在一开始就考虑产品整个生命周期中从概念形成到产品报废的所有因素，包括质量、成本、进度计划和用户要求。并行工程的目标为提高质量、降低成本、缩短产品开发周期和产品上市时间。并行工程的具体做法是：在产品开发初期，组织多种职能协同工作的项目组，使有关人员从一开始就获得对新产品需求的要求和信息，积极研究涉及本部门的工作业务，并将所需要求提供给设计人员，使许多问题在开发早期就得到解决，从而保证设计的质量，避免大量的返工浪费。

在 ERP 沙盘模拟实训中，并行投资就是要考虑产品研发、生产线建设、市场开拓、ISO 认证、原材料采购的投入节奏（见图 5-16），使得各个项目有计划、协同进行，避免出现生产线建好了而产品未研发、停工待料、有产品无市场、有市场无产品等情况。

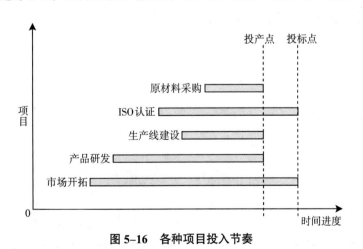

图 5-16　各种项目投入节奏

🏛 本章小结

经营管理分析着眼点在于让学生运用管理学、经济学等方面的理论知识来分析并解决其在 ERP 沙盘模拟经营过程中所遇到的问题。本章主要从企业战略管理、营销管理、生产管理、盈利能力及财务、筹资及投资的角度对企业的经营管理进行分析。其中，企业战略管理分析包括核心竞争力分析、SWOT 分析和波特五力模型分析；营销管理分析包括市场预测分析、广告投入产出分析和市场占有率分析；生产管理分析包括生产线选择分析、产能总量分析和产能的计算及采购计划；盈利能力及财务分析包括盈利能力分析、偿债能力分析、运营能力分析和杜邦财务分析；筹资及投资分析包括筹资分析和投资分析。

💡 复习思考题

1. 借助核心竞争力、SWOT、波特五力模型等工具分析企业自身、竞争对手、市场环境等情况，制定企业发展战略。

2. 应用营销管理分析工具，制订企业市场发展计划、订单争取策略。

3. 应用生产管理分析工具，制订企业生产线投资计划、原材料采购计划、生产投产计划。

4. 应用盈利能力和偿债能力的分析工具，分析企业的盈利能力及偿债能力情况。

5. 利用杜邦财务分析工具，综合分析企业财务情况。

6. 应用并行工程思想，制订各项投入进度计划表。

📖 案例分析

一、凭借硬实力，大疆无惧美国制裁

近年来，我国在科技领域不断实现突破创新，甚至在某些领域已经成为世界的佼佼者。这就导致美国的科技霸主地位受到了威胁，其开始频繁对我国科技企业进行限制。继华为之后，美国采用相同的手段对大疆展开限制，但这次非但没有成功，反而提升了大疆在美国的售价。

早在 2016 年的时候，美国就以国家安全为由遏制我国的高科技公司所生产的产品，大疆无人机也被列入禁用名单当中。在 2019 年底，美国停用了 800 家中国制造的无人机，并且彻底禁止军方采购和使用我国的大疆无人机，甚至还表示，大疆无人机危及了"国家安全"。从 2016 年至今，美国对于大疆无人机的限制有增无减，但是并没有影响其市场占有率。据统计，目前大疆无人机的市场占有率是全球的 77%，甚至连美国的军方依然在购买大疆生产的无人机。

实际上，美国本土市场也有其他的无人机品牌，但是其性能和价格远远不如大疆。当前美国的反恐形势较为紧张，如果没有质量较好的无人机，将对其国内安全造成一定的威胁。因此，到目前为止美国还未全面限制中国品牌无人机。还有一个原因，就是美国离不开大疆无人机，尤其是美国的军队、消防等重要行业，都没有办法离开大疆无人机。所以即便是 2019 年大疆被警告存在数据安全问题，美国空军安全部队仍购买了 17 架大疆无人机。大疆对美国的限制之所以无所畏惧，就是因为自身品质过硬。目前大疆在国际市场还没有出现对手。大疆的总经理曾对外表示，大疆无人机的每一个零部件都是自己生产的，底层的代码也是自己研发的。

每年大疆都会将自己利润的 15% 用于聘请人才和研发技术，这才造就了今天的成就。目前来看，在世界无人机领域没有任何一家无人机公司能够超过大疆。这也让其拥有了核心竞争力，对于美国的限制无所畏惧。所以面对美国的制约，大疆非但没有表示妥协，反而提高了自己产品的价格。

（资料来源：https://view.inews.qq.com/a/20220629A08EE900?refer=wx_hot&ft=0。）

思考：对于美国发出的限制，大疆无所畏惧，甚至反手将自己产品的价格上调。那么究竟为何大疆有如此底气对抗美国的限制？

二、恪守诚信，格力赢得客户信任

2021 年 10 月 29 日，珠海格力电器股份有限公司（以下简称格力）与美国加州佛尼亚中区联邦检察官办公室（DOJ）达成协议，同意支付和解 9100 万美元（折合人民币 5.8 亿元）的惩罚，同意向受害者给予赔偿。这不禁让人好奇：格力在国外出了什么事情？

据格力董事长董明珠回应，2005 年的一款产品除湿机出口到国外市场后，2011 年出现了冒烟的情况。当时美国的代理公司没有积极处理，该产品直接被投诉到了当地消费者委员会。据统计，格力当时销售了超过 200 万台的除湿机，没想到产品有可能会导致起火的隐患。格力在这件事中，基本上承认了产品中存在的缺陷，这一行为造成公司的股价持续下跌。但是从格力的态度来看，就事论事，做错事情主动承担责任，值得每个人敬佩。

每个人都要为自己的行为买单，本着顾客就是上帝的理念，格力开始积极处理，最终赔偿 9100 万美元。但是这个赔偿协议中提到了"延迟起诉"，这意味着格力面临的赔偿，不仅仅是 5.8 亿元这么简单，在未来的时间内，只要有消费者维权，那么格力就要尽职买单。要知道在当时销售了 200 多万台，随着事情曝光，这样好的机会，有几个人不想维护权益？在国外的市场中，格力真可谓赔了夫人又折兵。但是从另一方面看，也是一个好的开始，格局和层面不同，考虑问题的出发点也不同。普通人注重眼前的利益，但格力的目光更长远，一个好的售后和口碑，无形中打开了格力的名气和市场。作为消费者，谁不想有一个靠谱的售后？做生意讲究的是细水长流，虽然公司短期内面临很大的损失，但挽回了更多的顾客，增加了彼此间的信任，这是企业生存发展的一种大智慧。

（资料来源：https://www.163.com/dy/article/GNSOBVL00552ARO2.html。）

思考："诚信"是我国优秀传统文化之一，案例中格力在产品营销中坚持秉承这一传统，这对于格力的发展有何作用？对于其他企业而言是否存在借鉴意义？

三、持续技术革新，促进豫新智能化生产

航空工业新航豫新汽车热管理科技有限公司（以下简称豫新公司）位于河南省新乡市，成立于 1993 年，是国内知名汽车空调生产供应商，2019 年被认定为国家高新技术企业，拥有国家级企业技术中心、省级工程技术研究中心及国家认可的实验中心。

豫新公司某零件生产中需要经过多个工序，作业效率低，由于零件本身结构小，生产中使用的 40T 冲床造成了"大马拉小车"的现象。主要问题点有三项：40T 冲床动力过剩；手工取放料效率低；存在安全隐患。

为了解决单冲模效率提升的问题，车间员工马红艳发散思维，创新多种形式，经过多次讨论、实验，完成了 WQT52-073 自动装配代替冲床加工的技术创新。该项目利用转盘形式，将零件转动起来，创新性地把气缸输出力分解为压紧（卸料）和胀口，能够自动漏料，实现了连续作业。重点解决了冲床作业时人员等待、设备等待造成的浪费问题，降低了员工作业强度，避免了设备动力浪费及安全隐患。截至目前，该项目使生产效率由过去的 8 秒缩短至 2.5 秒。将零件的铆接过程与人的装配时间巧妙结合，实现人装零件设备不停作业的效果，节拍时间缩短 60%，出货数量值由 360 件提升到 900 件，提升了 60%。该创新项目帮助企业实现以最优秀的品质、最低廉的价格以及最高效的效

率迅速响应市场的需求等生产目标。

当然，豫新公司在生产技术上的改进不仅限于此，后面还开展了产品全生命周期智能化改造，采用以信息流带动业务流的制造全过程新模式，以实现各个信息化系统间信息数据共享；形成从"市场需求提出→设计开发→过程开发→ERP下单→生产排产→生产制造（过程监控）→入库发货"的主业务流闭环，实现产品全生命周期智能化改造模式创新，最终通过弧焊焊接机器人、转运机器人、自动激光切割机、全自动装配机、视觉检测防错系统、柔性智能装配线实现自动化、智能化生产。

（资料来源：https://www.sohu.com/a/318842062_738434。）

思考：面对当前新的国际技术变革形势，企业只有不断地进行生产技术的变革和创新，才能增强自身发展能力，应对市场竞争的必然选择。案例中豫新公司的技术变革体现在生产的各个方面，甚至基层员工都能主动进行技术创新，这说明豫新公司全员已经树立了怎样的意识？生产技术改进对企业生产经营持续化有何作用？

四、风险规避，助力奇瑞扬帆"出海"

近年来，在欧美知名展会上，已发生多起我国参展企业展台被组展方搜查、展品被扣押或没收事件，甚至参展人员被拘禁。据了解主要由以下原因造成：一是对展会举办国专利保护制度不够了解、重视，在不能确认产品是否侵权的情况下，抱着侥幸的心理参展。二是不熟悉展会举办国专利执法措施，虽然并未侵权，但采取不恰当的应对措施，造成对方执法措施严厉性的升级。三是不善于运用法律武器和手段为企业维权。为此，奇瑞汽车股份有限公司（以下简称奇瑞）结合海外参展风险、展会举办国专利保护情况、专利信息分析报告等对参展可能面临的专利侵权风险进行评估，确定海外参展预案和应对策略。

首先，奇瑞内部建立专利信息利用机制，开展数据检索和筛选、数据统计分析、侵权可能性分析、风险规避及应对策略分析，制订相关风险处理方案。同时，奇瑞根据参展产品、专利分类号以及海外主要竞争对手确定专利初检范围，并根据专利摘要进行初检，对存在风险的专利进行详细排查。此外，奇瑞加强与海外市场部沟通交流，了解行业内产品的市场情况。对于专利保护相对规范的国家，与专利代理机构合作开展专利策划，有针对性地开展专利布局，从而在产品参展时规避专利风险。

奇瑞专门成立了项目工作组应对海外参展汽车产品知识产权侵权预警与风险，成员分别由专利代理机构和奇瑞相关人员组成。通过该项目的实施，奇瑞了解了海外车展专利侵权风险。项目组通过向海外律所咨询、自行查阅等途径收集了参展地专利相关法律法规、特殊规定、注意事项等，尤其是参展地对外观设计专利的保护手段和措施。项目组根据有专利侵权风险项、无专利侵权风险项、专利权争议三种情形制订海外车展专利侵权风险防控预案。

基于以上风险规避措施，奇瑞成为中国出口排名前列的整车厂，积累了丰富的海外经营经验，2013 年被评为国家知识产权示范企业。

（资料来源：https://www.cnipa.gov.cn/art/2021/10/13/art_2725_170729.html。）

思考：奇瑞为何能成为我国知识产权示范企业？对于企业的风险规避有何启示？

第六章

ERP 沙盘实战案例分析

【本章学习目标】

1. 了解企业实际生产经营的基本环节和注意事项。

2. 掌握企业经营管理的内部资源与外部环境，制定长期、中期、短期策略，分析市场信息，预测市场趋势，调整既定战略。

3. 掌握产品研发、市场开发、产品组合与市场定位等营销策略；匹配市场需求、物流配送、库存管理进行产销配合决策。

4. 掌握财务管理基本知识，预估长、短期资金需求，制订投融资计划，控制成本，分析经营效益。

5. 理解团队协作、沟通的价值和意义。

一、实战前准备

（一）组建团队

参考第二章内容。

（二）相关知识准备

参考第一章、第五章内容。

（三）熟悉企业及市场背景

参考第二章内容。

（四）熟悉运营规则

参考第三章、第四章、第七章内容。

二、制定企业战略及经营策略

（一）战略目标

企业战略目标是对企业战略经营活动预期取得的主要成果的期望值。战略目标的设定，同时也是企业宗旨的展开和具体化，是企业宗旨中确认的企业经营目的、社会使命的进一步阐明和界定，也是企业在既定的战略经营领域展开战略经营活动所要达到的水平的具体规定。

模拟企业战略目标是："争取低投资，高回报，稳做国内市场和国际市场的第一，获得经济效益。"

（二）经营策略

1. 产品和生产策略

完成 Crystal、Ruby 和 Sapphire 三个产品的研发，经营的头两年是主打 Beryl、Crystal，这两个产品的原材料在采购方面比较简单。随着企业的发展，企业陆续开发出 Ruby、Sapphire 产品，在第 4~6 年安排 Beryl、Crystal、Ruby 和 Sapphire 混合生产，主打 Ruby 和 Sapphire 产品，适应市场的需要，适时调整策略。

变卖生产周期长、效率低的手工线，逐步更换成自动线和柔性线；需根据市场需要量、订单量和产能以及资金富裕度逐步购买上中和法新两个厂房，或者先租后买，这样可以提高生产能力和发展能力。

2. 市场营销策略

根据经营时间，计划开发区域、国内、亚洲和国际四个市场，完成 ISO 9000、ISO 14000 的资格认证。根据市场客户需求发展预测，第 1~3 年主要经营稳定的本地市场、稳定发展的区域和国内市场；第 4~6 年，缩小本地市场占有率，主占区域、国内和亚洲市场，根据资金情况开发国际市场，提高企业发展能力。

3. 财务融资策略

弄清楚运营规则，掌握资金收入、支出的先后顺序，有益于 CFO 融资规划。发生在年初的支出有上年的应交税费——增值税和当年的广告投入两笔；发生在年末的有长期贷款利息、市场开发投资、ISO 认证投资、购置厂房费用、厂房租金和设备维护费等；中间各季度也有严格的收入支出顺序，这些经营流程会对资金流产生很大影响，如果财务规划不准，就会带来资金断流的严重后果。

由于老企业留给我们的营运资金为 24M，为了执行新策略，可利用权益资金来进行长期贷款和短期贷款融资，争取第一年通过广告投入获得较多订单，赢得市场优势地位，这样就会在第二年抢单中占据优势。

三、实战方案实施

（一）主要经营措施

1. 第一年

第一年初，团队目标是积极融资，在原生产线上继续生产的同时，稳妥地进行新产品研发，购置安装新生产线——全自动线和柔性线，完成旧厂房的扩能改造。完成增值税支付，投入广告费，争取到两次选单，拿到较多的订单量。

第一季度，研发新产品 Crystal，购买原材料；第二季度，变卖手工线，加工生产，投资全自动线，进行短期贷款；第三季度，投资新生产线，购置原材料，继续加工生产 Beryl 产品，开始新产品 Ruby 的研发；第四季度，陆续将产能较弱的手工线、半自动线更新成全自动线和柔性线，变卖空置的手工线，建设新的柔性线，扩大产能，储备 Beryl，生产 Crystal。

第一年末，根据生产扩能、市场开发和产品研发的进度安排需要，准确编制现金流量表，年末完成长期贷款 100M，支付维修费，提取折旧，开拓区域市场和国内市场，进行 ISO 认证，购买上中厂房。

2. 第二年

第二年初，目标是完成中型厂房生产线建设，扩大产能，开发新产品 Sapphire，开拓新市场。

第一季度，研发新产品 Sapphire，建设一条全自动线；第二季度，建设 Ruby 全自动线；第三季度，生产线投资，购置原材料，生产加工产品，提交货物；第四季度，生产线投资，购置原材料，生产加工产品。

第二年末，根据第一年资金安排和运行，结合未来发展需要，决定年末再做一次长期贷款 30M，支付维修费，提取折旧，开拓国内市场和亚洲市场，进行 ISO 认证。

3. 第三年

第三年初，分析上年低迷原因，是广告投入很少，导致订单量很少，产能过剩，本年初决定加大广告宣传投入力度，争取拿到更多的订单。

第一季度，变卖一条生产线，贴现应收账款，购买原材料，继续投入生产，继续研发新产品 Sapphire；第二季度，广告投入的加大引起资金紧张，决定变卖上中厂房，转为租赁，贴现变卖厂房获得的 4Q 账期应收账款，投资生产，进行新产品研发投资；第三季度，变卖新华厂房，对变卖厂房获取的应收账款进行贴现，再租赁新华厂房，进行生产线投资，购置原材料，生产加工产品，追加新产品研发投资；第四季度，生产线投资，购置原材料，生产加工产品，新产品研发投入。

第三年末，归还贷款利息，支付设备维修费，缴纳厂房租金，进行市场开拓投资。

4. 第四年

第四年初，经营有所起色，本年初决定继续加大广告宣传投入力度，争取拿到更多的订单，新建柔性线，对应收账款进行贴现，继续市场开发。

第一季度，利用规则中的商业信用，可以批量购买原材料，继续投入生产，进行新生产线投资；第二季度，收回应收账款，归还短贷及利息，继续投资生产，追加生产线投资；第三季度，清理应收账款，追加生产线投资，投入产品生产，继续建设新生产线；第四季度，继续在建工程建设，生产加工产品，清理应收账款并提交货物。

第四年末，归还贷款利息，支付设备维修费，缴纳厂房租金，重新购回新华厂房，完成市场开拓投资。

5. 第五年

第五年初，企业已经走上正轨，根据以往经验和市场发展变化趋势，本年初决定继续加大广告宣传投入力度，在多个市场争取拿到较多的订单，对应收账款进行贴现，将上中厂房购回。

第一季度，及时收回客户所欠应收账款，签订原材料订单，贴现一笔应收账款，继续投入生产；第二季度，利用商业信用批量购进原材料，归还短贷及利息，继续投资生产，提交货物；第三季度，清理应收账款，短贷 20M，批量购进原材料，投入产品生产，按期向客户交货；第四季度，继续生产加工产品，清理应收账款，清点存货，及时提交货物。

第五年末，归还贷款利息、长期贷款 30M，支付设备维修费，重新购回上中厂房，提高企业融资发展能力。

6. 第六年

第六年初，模拟经营的最后一年，要给下一任领导团队打下丰厚的物质基础。根据市场动态变化，本年初决定继续投入足额的市场广告，结合上年的销售业绩，可以在多个市场得到较多的订单量，继续扩大市场占有率，为股东盈利。

第一季度，短期贷款 20M，继续投入生产，按时向客户交单；第二季度，利用商业信用批量购进原材料，继续投资生产，提交订单；第三季度，归还短贷及利息，清理应收账款，批量购进原材料，投入产品生产，按期向客户交货；第四季度，贴现一笔应收账款，继续生产加工产品，清理应收账款，清点存货，及时提交货物。

第六年末，归还贷款本金和利息，支付设备维修费，提取折旧，完成模拟经营，关账。

（二）模拟经营结果分析

1. 经营分析

模拟团队 A 组在整个模拟经营实训中对三个市场需要的 Crystal、Ruby、Sapphire 产品进行了有序研发，对区域、国内、亚洲三个市场进行了稳步开拓，同时在头两年完成了 ISO 9000、ISO 14000 的认证工作，这些经营活动都是根据团队决策进行的，完成得比较好。从后期的发展形势看，这些决策起到决定性作用，对日后 A 企业的发展有利。

A 经营团队头两年是主打 Beryl、Crystal 产品，这两种产品的原材料在采购方面比较简单，同时 Beryl 又是 Crystal 的构件。随着企业的发展，企业开发出了 Ruby、Sapphire 产品，在后续几年里，是 Beryl、Crystal、Ruby、Sapphire 四种产品混合生产，根据市场情况适时调整策略。

在广告投放上，A 经营团队一直持较为谨慎的态度，在第一年的投入中较多，想在竞单中取得优先选择权，并且成功地取得了第一个选择订单的机会，也顺利赢得了最多的订单，获得了市场优势的地位。第二年凭借第一年市场优势地位，在广告上投入得非常少，以致只有一次选单机会，结果失去了市场优势，并明白销售收入是唯一的经济来源。后来随着产能的扩大，在明确生产能力与销售间关系的基础上，选取适合的订单，广告投入产出比不断提高。从第四年开始，企业由于优于别的竞争对手先开辟了亚洲市场，所以一直牢牢地占据了亚洲市场优势地位。

2. 模拟企业财务分析

（1）经营财务数据。

1）综合费用表（见表 6-1）。

表 6-1 A 组综合费用表

单位：百万元

项目 \ 年度	第 0 年	第 1 年	第 2 年	第 3 年	第 4 年	第 5 年	第 6 年
管理费	4	4	4	4	4	4	4
广告费	0	12	1	15	15	9	15
维修费	4	3	7	7	9	11	11
转产费	0	0	0	0	2	0	0
厂房租金	0	0	0	10	4	4	0
新市场开拓	0	3	4	2	1	0	0
ISO 认证	0	1	2	0	0	0	0
产品研发	0	6	14	8	0	0	0
其他（损失）	0	0	0	0	0	0	0
合计	8	29	32	46	35	28	30

2）利润表（见表 6-2）。

表 6-2 A 组利润表

单位：百万元

项目 \ 年度	第 0 年	第 1 年	第 2 年	第 3 年	第 4 年	第 5 年	第 6 年
销售收入	36	34	23	83	126	150	261
直接成本	12	14	10	34	62	68	131
毛利	24	20	13	49	64	82	130
综合费用	8	29	32	46	35	28	30
折旧前利润	16	−9	−19	3	29	54	100
折旧	5	2	0	6	6	12	17
支付利息前利润	11	−11	−19	−3	23	42	83
财务费用	2	1	11	15	15	17	12
税前利润	9	−12	−30	−18	8	25	71
所得税	3	0	0	0	0	8	23
年度净利润	7	−12	−30	−18	8	17	48

3）资产负债表（见表 6-3）。

表 6-3　A 组资产负债表

单位：百万元

年度 项目	第 0 年	第 1 年	第 2 年	第 3 年	第 4 年	第 5 年	第 6 年
现金	40	91	11	2	2	18	10
应收账款	0	0	23	72	37	0	36
在制品	8	6	12	12	18	30	0
产成品	6	2	4	14	32	43	9
原材料	4	2	1	1	4	0	0
流动资产合计	58	101	51	101	93	91	55
厂房	40	70	70	0	40	40	70
机器设备	7	4	34	41	50	63	43
在建工程	0	15	15	30	25	0	0
固定资产合计	47	89	119	71	115	103	113
资产总计	105	190	170	172	208	194	168
长期负债	0	100	130	130	130	60	30
应付账款	0	0	0	0	48	59	0
短期负债	20	20	0	20	0	20	20
所得税	3	0	0	0	0	8	23
负债合计	23	120	130	150	178	147	73
股东资本	64	64	64	64	64	64	64
利润留存	11	18	6	−24	−42	−34	−17
年度净利	7	−12	−30	−18	8	17	48
所有者权益合计	82	70	40	22	30	47	95
负债和所有者权益总计	105	190	170	172	208	194	168

（2）企业财务指标分析。

1）企业盈利能力分析。盈利能力是指企业获取利润的能力。盈利能力的大小是一个相对的概念，即利润是相对于一定资源投入、一定的收入而言的，即要用利润率来衡量。利润率越高，说明盈利能力越强；利润率越低，说明盈利能力越差。盈利是企业主要的经营目标，是企业生存的物质基础，它不仅关系到企业所有者的利益，也是企业偿还债务的一个重要来源。下面从毛利率、销售利润率和净资产收益率分析企业盈利能力。

◎毛利率。毛利率说明每 1 元销售收入产生的利润。更进一步思考，毛利率是获利的初步指标，如表 6-4 所示。

127

表 6-4　A 组历年毛利率

项目 ＼ 年度	第 1 年	第 2 年	第 3 年	第 4 年	第 5 年	第 6 年
销售收入（百万元）	34	23	83	126	150	261
直接成本（百万元）	14	10	34	62	68	131
毛利（百万元）	20	13	49	64	82	130
毛利率	0.59	0.57	0.59	0.51	0.55	0.50

◎销售利润率。销售利润率是毛利率的延伸，销售利润是毛利减去综合费用后的剩余。销售利润率代表了主营业务的实际利润，反映企业主业经营的好坏，如表 6-5 所示。

表 6-5　A 组历年销售利润

项目 ＼ 年度	第 1 年	第 2 年	第 3 年	第 4 年	第 5 年	第 6 年
销售收入（百万元）	34	23	83	126	150	261
折旧前利润（百万元）	−9	−19	3	29	54	100
销售利润率	−0.26	−0.83	0.04	0.23	0.36	0.38

◎净资产收益率。净资产收益率反映投资者投入资金的最终获利能力。这是投资者最关心的指标之一，也是企业的总经理向企业董事会年终交卷时关注的指标，涉及企业对负债资金的运用，判断资金的获利能力，如表 6-6 所示。

表 6-6　A 组历年净资产收益率

项目 ＼ 年度	第 1 年	第 2 年	第 3 年	第 4 年	第 5 年	第 6 年
净利润（百万元）	−12	−30	−18	8	17	48
所有者权益（百万元）	70	40	22	30	47	95
净资产收益率	−0.17	−0.75	−0.82	0.27	0.36	0.87

从表 6-4、表 6-5、表 6-6 和图 6-1 可以看出，A 企业销售毛利率从第 1 年到第 6 年一直在 0.55 上下徘徊，处于比较稳定的状态。销售利润率从亏损情况下，经过企业正确调整营销策略，于第 3 年扭亏为盈，并一路攀升，到第 6 年达到了 0.38 的高度。通过对净资产收益率的分析，A 企业净资产获取利润的能力比较低，甚至是亏损。不过在第 4 年，A 企业净资产收益率开始逐渐回升到正常的收益率。

针对净资产收益率低的问题，A 企业应加强净利润的获取能力，一方面增加企业的主营业务收入；另一方面提高管理水平，完善现金预算表的制作，减少综合费用的支出。

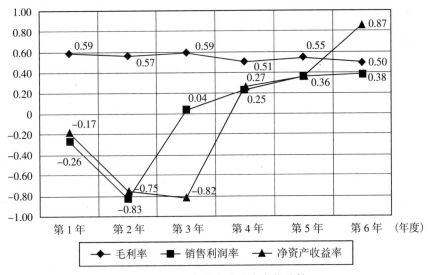

图 6-1 A 组净资产收益率变化趋势

2）企业偿债能力分析。偿债能力是指企业偿还各种到期债务的能力。通过偿债能力分析，可以揭示企业的财务风险。企业债权人、企业财务管理人员以及投资者都十分重视企业的偿债能力分析。下面从资产负债率及固定资产长期适配率进行企业偿债能力分析。

◎资产负债率。资产负债率是企业负债总额与资产总额的比率，反映企业资产总额中有多少是通过举债而得到的。一般来说这个比率越高，企业偿还债务的能力越差；反之，偿还债务的能力越强，如表 6-7 所示。

表 6-7 A 组历年资产负债表

项目 \ 年度	第 1 年	第 2 年	第 3 年	第 4 年	第 5 年	第 6 年
负债（百万元）	120	130	150	178	147	73
资产（百万元）	190	170	172	208	194	168
资产负债率	0.63	0.76	0.87	0.86	0.76	0.43

◎固定资产长期适配率。因为固定资产建设周期长，固定资产的构建应该使用还债能力较小的长期贷款和股东权益，所以这个指标应该小于 1。如果用短期贷款来构建固定资产，由于短期内不能实现产品销售而带来现金回流，势必造成还款压力，如表 6-8所示。

表 6-8　A 组历年固定资产长期适配率

年度 项目	第 1 年	第 2 年	第 3 年	第 4 年	第 5 年	第 6 年
固定资产（百万元）	89	119	71	115	103	113
长期负债（百万元）	100	130	130	130	60	30
所有者权益（百万元）	70	40	22	30	47	95
固定资产长期适配率	0.52	0.70	0.47	0.72	0.96	0.90

从表 6-7、表 6-8 和图 6-2 可以看出，A 组资产负债率第 1~3 年处于缓慢上升趋势，第 4~6 年开始下降，而且下降速度逐渐变快，从最高的 0.87 下降到 0.43，后期财务风险控制能力提高。固定资产长期适配率是先增后降再增再降，呈波浪状，最高为 0.96，固定资产投资力度较大，流动资产压力较大，固定资产长期适配率最低为 0.47，说明 A 组经营团队长短资金安排不够协调稳定，会出现资金断流现象。

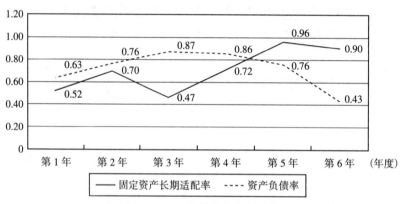

图 6-2　A 组偿债能力变化趋势

A 组固定资产投资不太合理，固定资产长期适配率波动起伏较大，究其原因是 A 组采取一次性长期贷款较大，固定资产投资均衡性、稳定性较差。

A 组的资金运作情况，前三年不太合理，资产负债率一直在上升，不过中期上升速率变慢，从第 4 年开始下降，而且下降速率有加快的趋势，说明该团队后期管理控制财务风险能力提高。

3）企业成长能力分析。成长率表示企业是否具有成长的潜力，即持续盈利的能力。成长率指标由三个反映企业经营成果增长变化的指标组成：销售收入成长率、利润成长率和净资产成长率。

◎销售收入成长率。这是衡量产品销售收入增长的比率指标，以衡量经营业绩的提高程度，如表 6-9 所示。

表 6-9　A 组销售收入成长率

年度 项目	第 1 年	第 2 年	第 3 年	第 4 年	第 5 年	第 6 年
本期销售收入（百万元）	34	23	83	126	150	261
上期销售收入（百万元）	36	34	23	83	126	150
销售收入成长率	−0.06	−0.32	2.61	0.52	0.19	0.74

◎利润成长率。这是衡量利润增长的比率指标，以衡量经营效果的提高程度，如表 6-10 所示。

表 6-10　A 组利润成长率

年度 项目	第 1 年	第 2 年	第 3 年	第 4 年	第 5 年	第 6 年
本期利润（百万元）	−12	−30	−18	8	25	71
上期利润（百万元）	9	−12	−30	−18	8	25
利润成长率	−2.33	1.50	−0.40	−1.44	2.13	1.84

◎净资产成长率。这是衡量净资产增长的比率指标，以衡量股东权益提高的程度。对于投资者来说，这个指标非常重要，它反映了净资产的增长速度，如表 6-11 所示。

表 6-11　A 组净资产成长率

年度 项目	第 1 年	第 2 年	第 3 年	第 4 年	第 5 年	第 6 年
本期净资产（百万元）	70	40	22	30	47	95
上期净资产（百万元）	82	70	40	22	30	47
净资产成长率	−0.15	−0.43	−0.45	0.36	0.57	1.02

从表 6-9、表 6-10、表 6-11 和图 6-3 中可以看出，A 组净资产成长率从第 1 年到第 3 年处于下降的趋势，出现了公司净资产负增长的情况，在第 4 年开始回升，并逐渐回到正值。利润成长率与销售成长率的变化趋势是同向的，利润成长率滞后于销售成长率，在第 1 年至第 4 年，先上升后快速下降，此后回升趋稳，最终达到了新的高度。

A 组净资产成长率、利润成长率、销售成长率的回升与销售额的增长是密切相关的，公司管理层应该注重主营业务收入，那才是公司的根本所在。

4）公司营运能力分析。营运能力分析是指企业对其有限资源的配置和利用能力。从价值的角度看，就是企业资金的利用效果，反映了企业的资金周转状况，对此进行分析可以了解企业营业状况及经营管理水平。

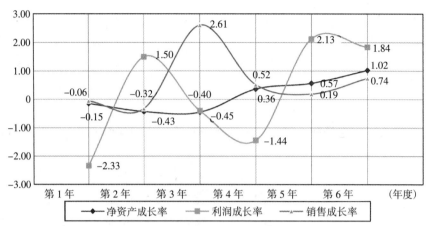

图 6-3　A 组成长能力变化趋势

◎总资产周转率。总资产周转率也称总资产利用率，是企业销售收入与资产平均总额的比率，如表 6-12 所示。

表 6-12　A 组历年总资产周转率

项目 \ 年度	第 1 年	第 2 年	第 3 年	第 4 年	第 5 年	第 6 年
当期销售收入（百万元）	34	23	83	126	150	261
期初资产总额（百万元）	105	190	170	172	208	194
期末资产总额（百万元）	190	170	172	208	194	168
总资产周转率	0.23	0.13	0.49	0.66	0.75	1.44

◎应收账款周转率。应收账款周转率，又称收账比率，是指在一定期限内，一定量的应收账款资金循环周转的次数或循环一次所需要的天数，是衡量应收账款变现速度的一个重要指标，如表 6-13 所示。

表 6-13　A 组历年应收账款周转率

项目 \ 年度	第 1 年	第 2 年	第 3 年	第 4 年	第 5 年	第 6 年
当期销售收入（百万元）	34	23	83	126	150	261
期初应收账款（百万元）	0	0	23	72	37	0
期末应收账款（百万元）	0	23	72	37	0	36
应收账款周转率		2	1.75	2.31	8.11	14.50

◎存货周转率。存货周转率是指企业一定时期内一定数量的存货所占资金循环周转次数或循环一次所需要的天数。存货周转率反映的是存货资金与它周转所完成的销货成本之间的比率，这是一组衡量企业销售能力强弱和存货是否过量的重要指标，是分析企业流动资产效率的又一依据，如表6-14所示。

表6-14　A组历年存货周转率

项目＼年度	第1年	第2年	第3年	第4年	第5年	第6年
当期直接成本（百万元）	14	10	34	62	68	131
期初产成品（百万元）	6	2	4	14	32	43
期末产成品（百万元）	2	4	14	32	43	9
存货周转率	3.50	3.33	3.78	2.70	1.81	5.04

◎流动资产周转率。流动资产周转率指一定财务期限内一定数量的流动资产价值（流动资金）周转次数或完成一次周转所需要的天数，反映的是企业全部流动资产价值（全部流动资金）的周转速度，如表6-15所示。

表6-15　A组历年流动资产周转率

项目＼年度	第1年	第2年	第3年	第4年	第5年	第6年
当期销售收入（百万元）	34	23	83	126	150	261
期初流动资产（百万元）	58	101	51	101	93	91
期末流动资产（百万元）	101	51	101	93	91	55
流动资产周转率	0.43	0.30	1.09	1.30	1.63	3.58

从表6-12、表6-13、表6-14、表6-15和图6-4可以看出，A组总资产周转率、流动资产周转率、存货周转率变化趋势相似，总体趋势是先抑后扬。其中存货周转率高于总资产周转率和流动资产周转率，周转较快，说明企业的销售效率高、库存积压低，运营资本中存货占比相对较小，这样可以提高企业经济效益，只有第5年是整个六年中存货周转率最低的一年，分析得知当年订单量偏少，产能过剩。

数据显示，A组经营中应收账款周转率后期越来越快，直接反映出该企业收账速度较快，坏账出现概率小；流动资产的流动性越好，短期偿债能力越强，该小组流动资产周转率前几年较慢，说明流动资产利用效果不够理想，只有后两年比较合理。

A组总资产的周转总体情况是较好的，企业利用资产进行经营的效率在逐年提高，其原因与销售收入的稳步增加是分不开的，销售收入的增加使公司经营的效率越来越高。

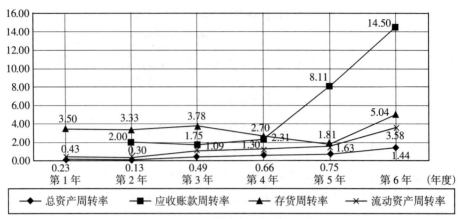

图 6-4　A 组运营能力指标变化趋势

四、实战方案策略分析

（一）ERP 沙盘模拟经营整体战术策略分析

俗话说："凡事预则立，不预则废。""未曾画竹，而已成竹在胸！"同样，做 ERP 沙盘模拟前，也要有一整套策略成形于心，方能使模拟企业临危不乱，镇定自若，在变幻的模拟实训中取得好成绩。

1. 力压群雄——霸王策略

（1）策略介绍。在经营初期，筹到大量资金用于扩大产能，保证产能第一，以高广告投入策略夺取本地市场优势地位，并随着产品开发的节奏，成功实现 Beryl 向 Crystal、Crystal 向 Ruby 的主流产品过渡。在竞争中始终保持主流产品销售量和综合销售量第一。后期用高广告投入策略争夺主导产品的最高价市场优势地位，保持权益最高，战胜对手，赢得胜利。

（2）运作要点。运作好此策略关键有两点：一是资本运作，使自己有充足的资金用于扩大产能，并能抵御强大的还款压力，使资金运转正常，所以此策略对财务总监能力的要求很高。二是精确的产能测算与生产成本预算，如何安排企业产能扩大的节奏？如何实现零库存？如何进行产品组合与市场开发？这些将决定着最终的成败。

（3）评述。采取霸王策略的团队要有相当的魄力，要有当年西楚霸王项羽敢于破釜沉舟的气势。此策略的劣势在于如果资金或广告投入在某一环节出现失误，则会使自己陷入十分艰难的处境，过大的还款压力可能将自己压至破产，所以此策略风险很高。

2. 忍辱负重——越王策略

（1）策略介绍。采取此策略者通常是有很大的产能潜力，但由于期初广告运作失误，导致权益过低，处于劣势地位。所以在第 2 年、第 3 年不得不靠 Beryl 维持生计，延缓产品开发计划，或进行 Crystal 产品开发，积蓄力量，度过危险期。在第 4 年时，突然推出 Ruby 或 Sapphire 产品，配以精确广告策略，出其不意地攻占对手们的薄弱市场！在对手忙于应对时，自己早已把 Ruby、Sapphire 的最高价市场把持在手，并抓住不放，可以赢得最后胜利。

（2）运作要点。此策略制胜关键点在于广告运作和现金测算，因为要采取精确广告策略，所以一定要仔细分析对手情况，找到其在市场中的薄弱环节，以最小的代价夺得市场，减少成本。然后是现金测算，因为要出奇招（Ruby 或 Sapphire），但这些产品对现金要求很高，所以现金测算必须准确，否则容易导致现金断流，甚至完不成订单，遭受罚款，那将前功尽弃，功亏一篑。

（3）评述。越王策略不是一种主动的策略，多半是在不利的情况下采取的，所以团队成员要有很强的忍耐力与决断力，不要为眼前一时的困境所压倒，并学会"好钢用在刀刃上"，节约开支，降低成本，先图生存，再想夺取市场。

3. 见机行事——渔翁策略

（1）策略介绍。当市场上有两家实力相当的企业争夺第一时，渔翁策略就可以派上用场。首先在产能上要努力跟随前两者的开发节奏，同时内部努力降低成本，在每次新市场开辟时均采用低广告策略，规避风险，稳健经营，在双方两败俱伤时立即占领市场。

（2）运作要点。此策略的关键：第一，在于一个稳字，即经营过程中一切按部就班，广告投入、产能扩大都是循序渐进，逐步实现，稳扎稳打。第二，要利用好时机，因为时机是稍纵即逝的，对对手情况一定要进行仔细分析。

（3）评述。渔翁策略在模拟比赛中是常见的，但要成功一定要做好充分准备，只有这样才能在机会来临时，抓住机会，使对手无法超越。

（二）ERP 沙盘模拟企业经营运作策略分析

在经营模拟实训中，从大的方面来看，经营团队应该用一种战略的眼光去看待业务的决策和运营，根据产品的需求预测做出正确而有效的企业运营决策。然后在资金预算允许的范围内，在合适的时间开发新产品，提高公司的市场地位。在此基础上，开发本地市场以外的新市场，进一步拓展市场领域；扩大生产规模，采用现代化生产手段，努力提高生产效率。另外，模拟经营团队成员要各尽其责，正确编制资金预算表、生产计划和物料需求计划表，准确及时填写现金流量表，为企业的模拟运营做出正确的排程，这样才能使企业获得更好的经济效益。

从小的方面来看，每组中必须指定一个负责任务清单的核查，每步都需要每个成员集中精力去听、去做，不能出一点差错。否则，会直接导致本年的报表不平或是下一年的任务混乱。每年的企业运营过程中，有几点至关重要。

1. 广告

每年初投入广告费时，要注意在上年末留存现金，保证足以支付下年的广告费，如若不够，则要立即贴现，留够下年的广告费，再做报表。

第 1 年投入广告费时，一定要抢占本地市场优势，而在以后几年市场竞争激烈时，尽量保住一个市场优势地位。另外，要弄清楚根据广告选单的规则，营销总监只能根据市场预测一次性地投入广告费，这就从根本上给营销总监打广告增加了一定难度，需要更好地预测及推测市场情况。

在接下来几年的运营中，广告费至关重要，一定不可马虎。只有广告做好了，才能保证获取好订单，否则，即使企业的生产能力再强，如果订单不足，那么生产出的产品在库存积压卖不出去就造成资金周转困难。如果订单太多而产品不够，为避免违约无法交货，在允许组间交易时，应及时考虑到其他企业，进行组间交易，以确保企业的正常运行与稳步发展；在不允许组间交易的情况下，就只有高价紧急购买产品，多支出部分计入营业外支出。

2. 登记销售订单

一是要认真，细心。二是每种产品的直接成本一定要计算清楚，不能混淆。否则，将直接影响计算毛利及净利润，从而导致报表不平。

3. 有关长期贷款、短期贷款、高利贷

如果企业在第 1 年的第一季度短期贷款，则要在第 2 年的第一季度还本付息，如果所有者权益允许，则还可续借短期贷款，但要支付利息。如果是企业能力允许的情况下，短期贷款也可提前还款，同时支付利息。

企业要充分利用短期贷款的灵活性，根据企业资金的需要，分期进行短期贷款，这样可以减轻企业的还款压力。无论是长期贷款还是短期贷款，在每次还款时，都要先看贷款额度。申请贷款时，要注意授信总额度和贷款利率，长短期贷款一定要分开计算。长期贷款短期内还款压力小，短期贷款灵活但还款压力大，可以采用举新债还旧债，缓解短期内还款压力。在万不得已的情况下，可以用高利贷进行融资。

4. 原材料入库及下原材料订单

规则中规定，原材料采购需提前下达采购订单，而只要下了订单，就必须按时购买入库。所以采购经理和运营总监一定要根据CEO的决策，提前预算出每季度每种材料下订单的个数及入库产品的种类和个数。

5. 产品研发投资

一个好的企业不会局限于生产单一的产品，这样的企业是不会长久的。越是有实力的企业，它推出的产品在市场划分中就越细，而没有远见的企业一般只会去做一种产品，所以说在"产品研发投资"上，应在预算允许的前提下开发多种产品，从而提高企业的市场地位，为企业的长远发展做打算。

6. 市场开拓投资和ISO认证投资

这里要注意的是，ISO认证投资只针对市场不针对产品，而且都是在年末支付。

市场开拓和ISO认证的时间、资金安排必须合理，按照经营计划进度稳步推进，既不能过早占用资金，使资金沉淀，又不能较晚投资，拿不到价高的具有ISO认证要求的客户订单，错失发展良机。

（三）ERP沙盘模拟经营战略分析

1. 构建战略思维

沙盘模拟培训的设计思路充分体现了企业发展必然遵循的历史与逻辑的关系，从企业的诞生到企业的发展壮大都取决于战略的设定。要求管理团队必须在谋求当期的现实利益基础之上作出为将来发展负责的决策。通过模拟经营实训，可以让学员深刻体会到企业经营现实与未来发展的因果关系，体会到管理者必须承担的历史责任，要有运用长期的战略思想制定和评价企业决策的素质，要有诚信的职业操守。

2. 构建群体战略决策

一个组织是否成熟，明显的标志就是看它有没有能力形成并运用组织的智慧，沟通、协作和群体意识在未来企业竞争中的作用越来越被有远见的组织所关注。中国企业更是迫切需要走出独断决策的传统误区，因为我们聆听过太多能人的成功史，感染了过分浓重的企业英雄主义情结。今天，仅靠特殊资源构建竞争优势不利于企业长远发展，组织整体智慧企业竞争力的提升越发重要。企业的竞争越来越趋向于组织整体智慧的较量。

ERP沙盘模拟企业经营成绩是按照总积分来排名次的，总积分＝所有者权益×（1＋

企业综合发展潜力系数）。最后的评分方法虽说是各种其他资源状况的权重再乘以所有者权益，但其他资源只起到了锦上添花的作用，能不能得高分还是要看你的所有者权益够不够多，所以选用什么样的战略，判断标准只有一个——所有者权益，估计超过100M 的才是可考虑的战略，因为这个游戏近似于零和博弈，也就是说，如果有小组盈利就一定有小组亏损，某组赚到 100M 以上，其他小组基本上就没有机会追上该组了。所以战略的出发点就是这个游戏的规则，一定要研究透规则，最大限度地利用规则。比如说计提折旧，如果第 1 年要上柔性线（安装周期为 4Q），什么时候开始生产线投资？假设用这条生产线生产的产品的开发周期是 6Q，如果选择第 1 年第一季度投资，就会有 2Q 时间闲置，生产线设备还要多提一年的折旧。这样的生产线要分成两年投，在第 1 年 3Q 投，到第 2 年 3Q 开始用，第 2 年还是在建工程，不提折旧，这样就少提了一年的折旧，而且因为第 1 年能赚的钱有限，拿到最大单毛利才 22M，所以第 1 年应该尽量减少支出，把折旧往后推延几年，同时采取举借长期贷款，为前三年的现金流做保证，也是为了防止以后几年权益越来越少，授信额度减小，举债困难，60M 应该是比较稳健的。短期贷款不建议多用，因为按照规则规定的顺序，要是期期都有短期贷款，是必须先还才能再借的，也就是要求每期的现金流都要保证在 20M 以上，这实际上是一种负担，要借也最好避开年初和年末的两期，更不要一期就借 40M，这样容易造成现金断流。

说到财务方面，现金流是无论如何都不能断的，但小投入只有小回报，高投入风险高但回报也高，各团队要有胆识和智慧，CEO 要具有胆大心细的素质，高利润是靠高销售收入赚来的，不是省出来的。CFO 可以想方设法进行融资，盘活资产，加快资金周转，在资金紧张时可以用厂房这种沉积资产进行融资，只要能赢得市场，就可以扩大生产经营规模，建设生产线，多生产产品，多研发产品，多开拓市场，赚足资金再把厂房赎回来。

市场预测：首先分析最大订单分布情况，数量应是市场总量的 1/3，第二大单比最大单数量一般少 2 个。其次分析具有 ISO 认证要求的订单，第 4 年有这个要求的订单数量为 1~2 个，第 5 年为总订单数的 1/2 左右，第 6 年就占到了 80%，所以这两个 ISO 认证很重要，可以早点进行资格认证投资，这样可以拿到价高利丰的 ISO 订单。

分析总结出每种产品每年每个市场最大订单数量及毛利的情况，可以做多产品单市场战略，不要做单产品多市场战略，因为市场优势非常有影响力。第 1 年要高广告投入，一定要抢下本地市场第一的位置，因为本地市场无论是什么产品价格都很高，与它一样的还有亚洲市场，这两个市场对于 Crystal 和 Ruby 来说更是如此，数量大，价格高，争取市场第一才有保证。Beryl 价格逐渐走低，后期只有一个国际市场利润大，而 Crystal 和 Ruby 才是盈利的主要产品，后期主要关注 Ruby，利润空间很大，而 Sapphire 发展空间太小，起不到什么作用，费用还高，可以不研发。第 2 年就要研发生产出 Crystal 和 Ruby，科学合理安排这两个主打产品的生产线建设。

生产安排：根据各种生产线对各产品的投资回收期，Beryl 全自动线投资回收期最短，接近三年时间；Crystal 半自动线和全自动线投资回收期最短，均不到一年半；Ruby 全自动线投资回收期最短，半自动线次之，均在一年半至两年；Sapphire 全自动线投资回收期最短，半自动次之，均在一年半至两年。

综合对比分析，按投资收益率来看，全自动线的投入产出比是最好的，效率最高，是生产线投资的较好选择。

模拟运营实训中，"决策是民主的，执行是独断的"。我们不能在执行时拖延，"正确决策需要强硬的执行力"。所以要求模拟团队的总监在决策时发挥自己的智慧，在执行时根据决策执行。

ERP 沙盘模拟实训的环境参数是在不断变化的，没有绝对的数学模型可以照搬照套，只有研究透彻运营规则，有了明确的思路和经营中心目标，才能在千变万化的规则下赢得好成绩。

小小沙盘蕴含了每个团队成员集体和个人的智慧，同时也贯穿了我们学习中的"财务管理""企业战略管理""生产运作管理""市场营销""市场调查与预测"等课程知识，真正能使我们将知识运用于实践过程中。

本章小结

本章以 ERP 沙盘模拟生产企业经营对抗大赛数据作为背景，详细阐述和分析了模拟经营实训前的知识储备和准备工作，强调了生产经营计划和物料需求计划以及生产排程编制的重要性；简单介绍了模拟经营过程中的主要操作措施和模拟经营结果，并对企业盈利能力、偿债能力、成长能力以及运营能力进行了分析，对结果数据进行了分析和评价；最后从战略、战术层面对 ERP 沙盘模拟生产企业经营的战略战术进行了剖析，并提出了建议以供参考。

复习思考题

1. 经过几年的经营，你觉得你的企业在哪些方面还存在不足？
2. 未来几年，你觉得你的企业应在哪些方面有所改进？
3. 经过几年的经营，你的哪些知识得到了应用？你还要学习哪些新知识？
4. 你的哪些能力存在不足、哪些能力需要加强？

案例分析

周源与知乎

周源，男，汉族，1980 年 12 月出生，贵州贵阳人，先后毕业于成都理工大学、东南大学，获软件工程专业硕士学位，知乎创始人、CEO。1999 年入读成都理工大学计算机系，2010 年创立知乎，2019 年 10 月获第十届"中国青年创业奖"，2020 年 1 月入围"2019 中国文化产业年度人物"候选名单，获"2020 中国管理科学奖"，获《经济观察报》"2019—2020 年度商业人物"，位列"2020 中国品牌人物 500 强"第 150 位。

20 多年前，大学生创业远没有现在这么热，但周源在 2000 年上半年就开始关注大学生创业的事，这或许早就注定了他今后要走创业之路。

媒体报道，早在大一下学期，周源就和上铺的同学讨论过大学生创业的事情。当时，电子科技大学毕业生丁磊创办的网易刚刚在纳斯达克上市，周源就梦想着未来自己创办的公司也在纳斯达克敲钟的那一刻。21 年后的 3 月 26 日，他实现了这个梦想。

大二时，周源读到一篇文章，说的是一名程序员编写了一个音乐软件，一个月可以赚几万美元，这让他意识到，写代码和设计产品是自己发展的方向。在校期间，周源就有了创业的尝试，他和几个编程高手一起组建了一个计算机服务部，卖出了 14 台计算机，小获成功。

成都理工大学是以理工为特色的省属重点大学，计算机是其优势专业。周源在本科时期的成绩就相当不错，在本科毕业时顺利考上了东南大学的研究生，来到南京，就读软件专业。周源曾说，自己最大的梦想是当一名程序员。

2004 年，还在读研的周源前往上海一家加拿大公司的研发中心工作，负责数据库接口的开发。但周源发现，这与自己"开一家科技公司"的想法距离很远，于是一年后辞掉了这份工作。当时，有一本《IT 经理世界》杂志在业界很有名，早在成都读大学时周源就经常购买，他于是决定"跨界"，应聘这家杂志社的记者。

　　或许是有父亲当记者的遗传基因，周源应聘杂志记者很轻松，他由此从上海转战北京，成为一名北漂当起了记者。周源希望通过在杂志社工作，拉近他和自己最初想象的世界之间的距离，他主要负责报道科技公司和企业首席信息官群体，这一干就是三年。

　　周源当记者十分投入，周转于多个城市采访，由于有理科的深厚背景，他的报道更加深入而充满思考。2008 年，周源还是决定自己创业。但一开始并不是做知乎，也不太顺利，而是像许多创业者一样，经历了尝试、失败、再尝试，跌倒、反思、东山再起。

　　他创办了 Meta 搜索，这是一款可以帮助用户分析关键词的工具，但几个月后创业失败。心情一时极度压抑的周源选择了去西藏旅行，他说那段时间像是一个归零的过程，静谧、原始、干净的自然风物帮助他的心灵暂时摆脱现实的烦扰而回归到最本真的自我。

　　Meta 虽然失败了，但是周源收获了一支团队，一支充满战斗力的"部队"。天道酬勤，知乎终于诞生了。知乎之名，是因为它区别于单纯的内容发布，是期望它成为一个新事物，它充满了未知。

　　在周源刚过完 30 岁生日的第二天，知乎从 2010 年 12 月 19 日开始运转，用户内测40 多天。经历了几十天蛰伏后，知乎上已经有了 200 多位用户。首批绿洲建造者中就有像李开复、王兴、王小川、徐小平和马化腾这些富有创新精神的企业家和风险投资家。

　　（资料来源：https://baijiahao.baidu.com/s?id=1695436952338354337&wfr=spider&for=pc。）

　　思考： 在 ERP 沙盘模拟实训中，每个企业在制定不同经营策略时都会面临不同的风险和困难，请谈一谈你所在的模拟企业遇到过什么经营困难，你和团队成员是如何突破这些瓶颈的。

第七章

电子分析系统介绍

【本章学习目标】

1. 了解电子分析系统在模拟经营中的作用。
2. 掌握电子分析系统的使用方法及操作步骤。
3. 掌握电子分析系统中各种报表的编制方法。

一、电子分析系统简介

传统的沙盘教学采用手工方式进行信息的管理，效率相对不高，学生大量的时间用于信息的记录与纠错，教师也花费大量的时间用于监控学生的操作是否规范。金蝶公司针对这些现象开发了沙盘电子分析系统，并将其引入沙盘教学，使沙盘课程从定性分析讲解提升到定量分析讲解的高度，解决了无数据记录、统计烦琐、点评肤浅、操作监控艰难等实际问题，且其最大的优势在于可以实时进行图文并茂的深层次数据挖掘和分析。

金蝶沙盘电子分析系统采用 B/S 架构，教师和学员通过 IE 浏览器访问该分析系统。沙盘电子分析系统分为教师端和学生端。在实训过程中，学员从学生端将每年的计划数据、财务数据、业务经营数据和操盘信息等录入系统，同时可对自己的经营状况和财务状况进行简单分析。教师通过教师端将每年销售数据（订单）发送至学生端，接收学生端的数据并进行分析。教学过程中，教师端和学生端采用网络连接，实时传递数据，体现了信息化教学的优势；操作规则和步骤由计算机程序自动控制，教师无须管理，极大地减轻了教师的教学工作强度，提高了学生操作效率，增加了有效教学时间，进而提高了教学效果。

该分析系统能够进行深度数据挖掘，透视经营实质，提供相应的图形分析，如成本核算、费用效益分析和岗位绩效考核等。图形分析结果由采集各小组的经营数据实时生成，通过各组之间的比较和对照，展示各组经营决策的优劣。

本章将分三部分介绍电子分析系统的功能，包括系统初始操作、初始年运营、正常年运营。

二、系统初始操作

（一）小组注册

在浏览器页面的地址栏输入 http://localhost:8083/sandtable/login. jsp，进入登录界面，如图 7-1 所示。

图 7-1　登录界面

教师登录。教师账号不需要注册，在教师机上，小组为"admin"，口令默认是"123"，点击"登录"，登录系统。教师进入系统后，建议修改默认的密码。

小组注册。单击"注册"，进入注册界面，如图 7-2 所示。"名称"为小组名称，如"WE"，"口令"设置为"123"，单击"确定"，完成注册。每个小组分别注册一个账号。

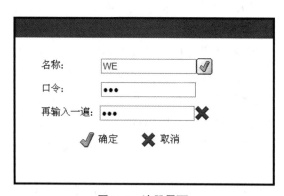

图 7-2　注册界面

（二）登录系统

所有小组在浏览器页面的地址栏输入 http://localhost:8083/sandtable/login.jsp，进入登录界面。录入小组账户信息，点击"登录"即进入主页面，如图7-3所示。

图7-3　主页面

三、初始年运营

结合第四章第二节的内容，进行初始年的运营。

所有小组以注册好的账号登录金蝶沙盘电子分析系统，切换时间状态。在学生界面（见图7-4），点击向右的箭头，时间状态从年初变为第一季度（见图7-5）。

图7-4　学生界面——切换前的状态

图7-5　学生界面——切换后的状态

（一）年初运营

（1）支付上年应交税。从现金池中取出3M来缴税。在如图7-6所示的界面中选择"经营分析—报表—现金流量表"，在"支付上年应交税"中填写税金为3M，并点击"保存"。凡是涉及"现金池"有数量变化，或者说存在现金收入与支出时，就应该登记现金流量表，下同。

图 7-6　登记现金流量表中的"支付上年应交税"

（2）支付当年广告费（因初始年不做广告投入，故本步骤略过）。

（3）查询销售订单。选择"订单管理—查看订单"，可以看到起始年有一个销售订单，交付 6 个 Beryl，如图 7-7 所示。

图 7-7　查看销售订单

（二）第一季度运营

（1）申请短期贷款、更新短期贷款、还本付息。根据经营计划，第一季度只需要更新短期贷款，软件上不做任何操作。

（2）更新应付账款、归还应付账款（初始年不做）。

（3）更新原材料订单、原材料入库。由于有 2 个原材料 M1 入库，应支付货款 2M，登记现金流量表。选择"经营分析—报表—现金流量表"，填写"原材料采购支付现金"为 2M，并点击"保存"，如图 7-8 所示。

归还高利贷及利息	0.0
原料采购支付现金	2.0
成品采购支付现金	0.0

图 7-8　登记原材料采购支付现金

（4）下原材料订单。根据经营计划表，采购总监下 4 个 M1 的订单。选择"过程管理—采购记录"，点击"增加"，按照图 7-9 添加采购记录。

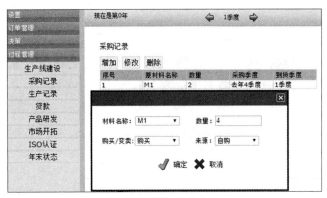

图 7-9　添加采购记录

（5）更新生产、完工入库（软件中自动更新，不做任何操作）。

（6）投资新生产线、生产线改造、变卖生产线（初始年不做）。

（7）开始下一批生产。点击"过程管理—生产记录"，选择"增加"，按照图 7-10 增加 2 号线的生产记录，单击"确定"。

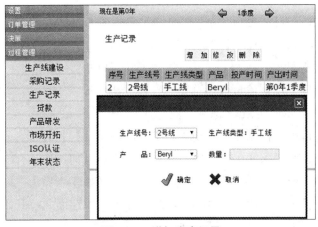

图 7-10　增加生产记录

用同样的方法增加 3 号线的生产记录。由于要支付加工费 2M，有现金支出，所以要登记现金流量表。选择"经营分析—报表—现金流量表"，在"加工费用"处输入 2M，单击"保存"，如图 7-11 所示。

生产线投资	0.0
加工费用	2
产品研发	0.0
行政管理费	0.0

图 7-11　登记加工费用

（8）产品研发投资（初始年不做）。

（9）更新应收账款、应收账款收现（自动更新不操作）。

（10）按订单交货（本季度不需要交货）。

（11）支付行政管理费 1M。由于有现金支付，故要登记现金流量表。选择"经营分析—报表—现金流量表"，填写行政管理费为 1M，如图 7-12 所示。

产品研发	0.0
行政管理费	1.0
长期贷款及利息	0.0

图 7-12　登记行政管理费

第一季度运营结束后的盘面如图 4-2 所示。

（三）第二季度运营

切换时间状态。在学生界面，点击上方向右的箭头，时间状态从第一季度变为第二季度，参考图 7-4。

（1）申请短期贷款、更新短期贷款、还本付息。根据经营计划，第二季度只需要更新短期贷款（在软件中自动更新，不做操作）。

（2）更新应付账款、归还应付账款（初始年不做）。

（3）更新原材料订单、原材料入库。由于有订单到货，要支付 4 个 M1 的货款 4M，有现金支出，故要登记现金流量表。选择"经营分析—报表—现金流量表"，填写"原材料采购支付现金"为 4M，点击"保存"，参考图 7-8。

（4）下原材料订单。根据经营计划表，本季度不下原材料订单，故跳过此步骤。

（5）更新生产、完工入库（软件中自动更新，不做任何操作）。

（6）投资新生产线、生产线改造、变卖生产线（初始年不做）。

（7）开始下一批生产。由于 4 号线的产品已完工入库，因此可开始新的 Beryl 产品的生产。点击"过程管理—生产记录"，选择"增加"，参见图 7-10，增加 4 号线的 Beryl 产品的生产记录。由于有加工费用 1M 现金的支出，所以要登记现金流量表。选择"经营分析—报表—现金流量表"，在"加工费用"处输入 1M，参考图 7-11，单击"保存"。

（8）产品研发投资（初始年不做）。

（9）更新应收账款、应收账款收现。其中有 7M 的应收账款到期。由于有现金收入，故要登记现金流量表。选择"经营分析—报表—现金流量表"，填写"应收账款到期"为 7M，如图 7-13 所示。

项目	1季度	2季度
当期初始数（+）	24.0	16.0
应收款到期（+）	0.0	7.0
变卖生产线（+）	0.0	0.0

图 7-13　登记应收款到期

（10）按订单交货（本季度不需要交货）。

（11）支付行政管理费1M。由于有现金支付，故要登记现金流量表。选择"经营分析—报表—现金流量表"，填写"行政管理费"为1M。

第二季度运营结束后的盘面如图4-3所示。

（四）第三季度运营

切换时间状态。在学生界面，点击上方向右的箭头，时间状态从第二季度变为第三季度。

（1）申请短期贷款、更新短期贷款、还本付息。

1）申请短期贷款。根据经营计划，第三季度申请短期贷款20M。财务总监向教师提出贷款申请后，教师进入如图7-14所示的教师界面。选择"过程管理—贷款"，点击"增加"，打开"增加贷款"对话框，如图7-15所示，先确认"贷款时间"为"第0年第三季度"，表示该组已经切换到第三季度，在"贷款额度"栏录入"20"M，贷款类型选择为"短贷4Q"，单击"确定"。然后，学生在自己的界面上选择"经营分析—报表—现金流量表"，就可以看到已经增加了短期贷款20M，如图7-16所示。

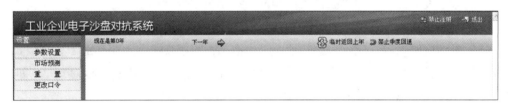

图7-14 教师界面

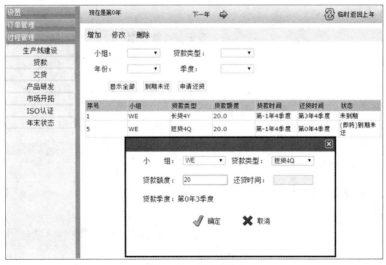

图7-15 增加贷款

项目	第一季度	第二季度	第三季度
当期初始数(+)	24.0	17.0	22.0
应收款到期(+)	0.0	7.0	7.0
变卖生产线(+)	0.0	0.0	0.0
变卖原材料/产品(+)	0.0	0.0	0.0
变卖抵押/厂房(+)	0.0	0.0	0.0
短期贷款(+)	0.0	0.0	20.0

图 7-16　查看短期贷款

2）还本付息。短期贷款没有到期，故此步骤跳过。

（2）更新应付账款、归还应付账款（初始年不做）。

（3）更新原材料订单、原材料入库。本季度没有采购订单到货，故此步骤跳过。

（4）下原材料订单。根据经营计划表，本季度不用下原材料采购订单，故此步骤跳过。

（5）更新生产、完工入库（软件中自动更新，不做任何操作）。

（6）投资新生产线、生产线改造、变卖生产线（初始年不做）。

（7）开始下一批生产。

由于 1 号线的产品已完工入库，可开始新的 Beryl 产品的生产。点击"过程管理—生产记录"，选择"增加"（参见第一季度操作）。

由于有加工费用 1M 现金的支出，所以要登记现金流量表。选择"经营分析—报表—现金流量表"，在"加工费用"输入 1M，并单击"保存"。

（8）产品研发投资（初始年不做）。

（9）更新应收账款、应收账款收现。其中有 7M 的应收账款到期。由于有现金收入，故要登记现金流量表。选择"经营分析—报表—现金流量表"，填写"应收账款到期"为 7M，并点击"保存"，如图 7-17 所示。

项目	第一季度	第一季度	第一季度
当期初始数(+)	24.0	16.0	17.0
应收款到期(+)	0.0	7.0	7.0
变卖生产线(+)	0.0	0.0	0.0

图 7-17　登记应收款到期

（10）按订单交货。根据订单，本季度要交 6 个 Beryl 产品。首先，学生在自己的界面选择"订单管理—查看订单"，选中要交货的订单行，点击"申请交货"，"完成情况"一列就变成了"申请交货"，如图 7-18 所示。

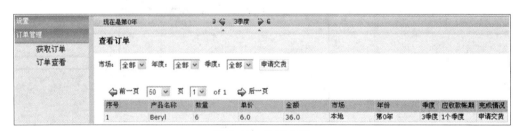

图 7-18　申请交货

教师得知该学生公司交货后，在教师界面选择"过程管理—交货"，此时可以见到所有申请交货的订单。将交货状态的下拉框选择为"申请交货"，系统过滤出申请交货的订单。教师在确定某订单确实交货后，勾选该订单后的复选框，并单击"确定"，如图7-19所示。同时，在学生端可以看到该订单的完成情况已变成"已完成"。由于该订单账期为1个季度，所以是应收账款，没有现金收入，不用登记现金流量表。

图7-19　教师确认交货

（11）支付行政管理费1M。由于有现金支付，故要登记现金流量表。选择"经营分析—报表—现金流量表"，填写"行政管理费"为1M。

第三季度运营结束后的盘面如图4-4所示。

（五）第四季度运营

切换时间状态。在学生界面，点击上方向右的箭头，时间状态从第三季度变为第四季度。

（1）申请短期贷款、更新短期贷款、还本付息。根据经营计划，需要偿还第四季度到期的短期贷款20M及利息1M，共计21M。

首先由学生在自己的界面，选择"过程管理—贷款"，在页面中选中将要归还的贷款记录，点击"申请还贷"，如图7-20所示。随后，该贷款记录的状态就更改为"申请还贷"，如图7-21所示。

图7-20　申请还贷

序号	贷款类型	贷款额度	贷款时间	还贷时间	已还款
1	长贷4Y	20.0	第-1年第四季度	第3年第四季度	未到期
5	短贷4Q	20.0	第-1年第四季度	第0年第四季度	申请还贷
7	短贷4Q	20.0	第0年第三季度	第1年第三季度	未到期

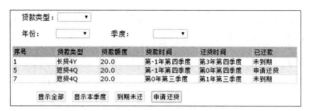

图 7-21　查看贷款状态

在教师界面选择“过程管理—贷款”，点击“申请还贷”，系统将显示各个小组申请还贷的记录。选择某个小组申请还贷的贷款，点击“修改”，在弹出的对话框中将状态改为“已还贷”，如图 7-22 所示。点击“确定”后，贷款状态发生变化，变更为“已还款”，如图 7-23 所示。

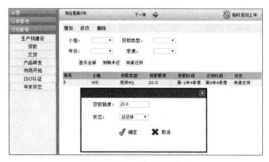

图 7-22　确定还贷

序号	小组	贷款类型	贷款额度	贷款时间	还贷时间	状态
1	WE	长贷4Y	20.0	第-1年4季度	第3年4季度	未到期
7	WE	短贷4Q	20.0	第0年3季度	第1年3季度	未到期
8	WE	短贷4Q	20.0	第-1年4季度	第0年4季度	已还款

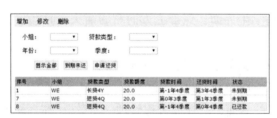

图 7-23　查看贷款状态

由于有 21M 的现金支出，所以要登记现金流量表。学生选择“经营分析—报表—现金流量表”，填写“归还短贷及利息”为 21M，并保存，如图 7-24 所示。

广告费	0.0	0.0	0.0	0.0
贴现费用	0.0	0.0	0.0	0.0
归还短贷及利息	0.0	0.0	0.0	21.0

图 7-24　归还贷款及利息

（2）更新应付账款、归还应付账款（初始年不做）。

（3）更新原材料订单、原材料入库。没有原材料到货，故此步骤跳过。

（4）下原材料订单。根据经营计划表，采购总监下 2 个 M1 的订单，选择“过程管理—采购记录”，点击“增加”，增加一笔原材料采购记录。

（5）更新生产、完工入库（软件中自动更新，不做任何操作）。

（6）投资新生产线、生产线改造、变卖生产线（初始年不做）。

（7）开始下一批生产。

由于2号线、3号线、4号线的产品已完工入库，可以开始新的Beryl产品的生产。点击"过程管理—生产记录"，选择"增加"，增加生产线2、生产线3和生产线4的Beryl产品的生产记录。

由于有加工费用3M现金的支出，所以要登记现金流量表。选择"经营分析—报表—现金流量表"，在"加工费用"输入3M，并单击"保存"。

（8）产品研发投资（初始年不做）。

（9）更新应收账款、应收账款收现。由于有现金收入，故要登记现金流量表。选择"经营分析—报表—现金流量表"，填写"应收账款到期"为36M，并保存。

（10）按订单交货（本季度不需要交货）。

（11）支付行政管理费。支付行政管理费1M，由于有现金支付，故要登记现金流量表。选择"经营分析—报表—现金流量表"，填写"行政管理费"为1M。

第四季度运营结束后的盘面如图4-5所示。

（六）年末运营

切换时间状态。在学生界面点击上方向右的箭头，时间状态从第四季度变为年末。

（1）申请长期贷款、更新长期贷款、支付利息。

1）申请长期贷款。根据经营计划，年末申请长期贷款20M。财务总监向教师提出贷款申请后，教师在教师端选择"过程管理—贷款"，点击"增加"，给每个小组增加一笔长期贷款，金额为20M，贷款期限为4Y，表示4年，如图7-25所示。

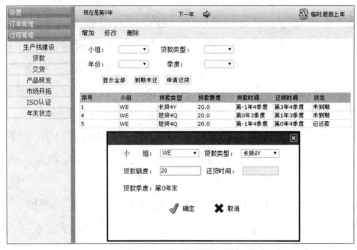

图7-25　增加长期贷款

在教师增加长期贷款后，各小组的财务总监可以在学生端的"过程管理—贷款"中看到新增加的一笔长期贷款。同时，在"经营分析—报表—现金流量表"中可以查看到新增现金 20M。

2）更新长期贷款（软件中自动更新，不做任何操作）。

3）支付利息。本年度有长期贷款 20M，应付利息为 2M，由于有现金支出，所以要登记现金流量表。选择"经营分析—报表—现金流量表"，填写"长期贷款及利息"为 2M，并保存，如图 7-26 所示。

产品研发	0.0	0.0	0.0	0.0	0.0
行政管理费	1.0	1.0	1.0	1.0	0.0
长期贷款及利息	0.0	0.0	0.0	0.0	2.0

图 7-26　登记长期贷款及利息

（2）支付设备维护费。财务总监按照各种生产线信息表（见表 3-2），汇总计算当期应支付的全部在用生产线的维护费用 4M，由于有现金支出，所以要登记现金流量表。选择"经营分析—报表—现金流量表"，填写"设备维护费"为 4.0，并保存，如图 7-27 所示。

行政管理费	1.0	1.0	1.0	1.0	0.0
长期贷款及利息	0.0	0.0	0.0	0.0	2.0
设备维护费	0.0	0.0	0.0	0.0	4.0

图 7-27　登记设备维护费

（3）支付租金、购买厂房（不做）。

（4）折旧。根据各种生产线信息表（见表 3-2），生产线 1、生产线 2、生产线 3 各折旧 1M，生产线 4 折旧 2M，共计 5M。该折旧信息应保存，但可以在关账时再输入系统中，请参见下面关账的操作。

（5）市场开拓投资 /ISO 认证投资（不做）。

（6）编制报表（关账）。

第一步，填写年末状态。运营结束以后，各小组的财务部门将和业务部门一起对应收账款、应付账款、折旧、存货情况等进行盘点。各小组根据运营年末的盘面（见图 4-6）结果填写年末状态的信息，选择"过程管理—年末状态"，点击"增加"。按照图 7-28，完成年末状态信息登记工作。①由于年末没有应收账款和应付账款，所以不用填写。②由于本年生产线共折旧 5M，所以应在"生产线折旧"处输入 5.0，并保存。③由于年末时材料库里有 1 个 M1，总金额为 1M，所以应增加相应的原材料及金额。单击"增加"，填完信息后点击"确定"。④由于年末有 4 个 Beryl 的在制品，故应登记入系统。单击"增加"，按图 7-29 在产品处输入"Beryl"，在位置处输入"生产线"，金额处输入"8"。⑤由于年末有 3 个 Beryl 的成品，故应登记入系统。单击"增加"，按图 7-30，在产品处输入"Beryl"，在位置处输入"成品仓库"，在金额处输入"6"。全部信息登记完成后，得到如图 7-31 所示的年末状态。

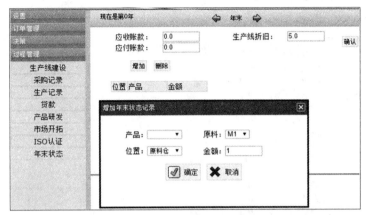

图 7-28　登记折旧及原材料

图 7-29　登记在制品

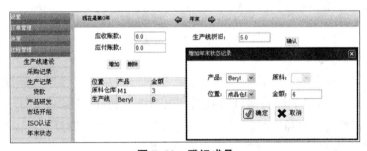

图 7-30　登记成品

图 7-31　年末状态

　　第二步，查看现金流量表。选择"经营分析—报表—现金流量表"，检查现金流量表的数据，如图 7-32 所示。

项目	1季度	2季度	3季度	4季度	年末
当期初始数(+)	24.0	16.0	17.0	21.0	53.0
应收款到期(+)	0.0	7.0	7.0	36.0	0.0
变卖生产线(+)	0.0	0.0	0.0	0.0	0.0
变卖原材料/产品(+)	0.0	0.0	0.0	0.0	0.0
变卖抵押/厂房(+)	0.0	0.0	0.0	0.0	0.0
短期贷款(+)	0.0	0.0	20.0	0.0	0.0
高利贷(+)	0.0	0.0	0.0	0.0	0.0
长期贷款(+)	0.0	0.0	0.0	0.0	0.0
收入总计	24.0	23.0	44.0	57.0	53.0
支付上年应交税	3.0	0.0	0.0	0.0	0.0
广告费	0.0	0.0	0.0	0.0	0.0
贴现费用	0.0	0.0	0.0	0.0	0.0
归还短期贷款及利息	0.0	0.0	21.0	0.0	0.0
归还高利贷及利息	0.0	0.0	0.0	0.0	0.0
原料采购支付现金	2.0	4.0	0.0	0.0	0.0
成品采购支付现金	0.0	0.0	0.0	0.0	0.0
设备改造费	0.0	0.0	0.0	0.0	0.0
生产线投资	0.0	0.0	0.0	0.0	0.0
加工费用	2.0	1.0	1.0	3.0	0.0
产品研发	0.0	0.0	0.0	0.0	0.0
行政管理费	1.0	1.0	1.0	1.0	0.0
长期贷款及利息	0.0	0.0	0.0	0.0	2.0
设备维护费	0.0	0.0	0.0	0.0	4.0
租金	0.0	0.0	0.0	0.0	0.0
购买新建筑	0.0	0.0	0.0	0.0	0.0
市场开拓投资	0.0	0.0	0.0	0.0	0.0
ISO认证投资	0.0	0.0	0.0	0.0	0.0
其他	0.0	0.0	0.0	0.0	0.0
支出总计	8.0	6.0	23.0	4.0	6.0
现金余额	16.0	17.0	21.0	53.0	47.0

图 7-32 现金流量表

第三步，编制损益表。选择"经营分析—报表—损益表"，打开"损益表"对话框，如图 7-33 所示。损益表中许多项目的数据已由系统自动计算得出，用户只需填写成本、财务净损益和营业外净收益。填写"成本"为 12M、"财务净损益"为 3M、营业外净收益为 0M，点击"保存"，系统自动计算出报表，如图 7-34 所示。

管理费用明细表（百万）		总部损益表（百万）		
项目	金额	项目	去年	今年
行政管理费	4.0	一、销售收入	40.0	36.0
广告费	0.0	减：成本	17.0	0.0
设备维护费	4.0	二、毛利	23.0	36.0
设备改造费	0.0	减：综合费用	8.0	8.0
租金	0.0	折旧	4.0	5.0
产品研发	0.0	财务净损益	1.0	0.0
市场开拓	0.0	三、营业利润	10.0	23.0
ISO认证	0.0	加：营业外净收益	0.0	0.0
其他	0.0	四、利润总额	10.0	23.0
合计	8.0	减：所得税	3.0	6.0
		五、净利润	7.0	17.0

图 7-33 损益表初始状态

管理费用明细表（百万）		总部损益表（百万）		
项目	金额	项目	去年	今年
行政管理费	4.0	一、销售收入	40.0	36.0
广告费	0.0	减：成本	17.0	12.0
设备维护费	4.0	二、毛利	23.0	24.0
设备改造费	0.0	减：综合费用	8.0	8.0
租金	0.0	折旧	4.0	5.0
产品研发	0.0	财务净损益	1.0	3.0
市场开拓	0.0	三、营业利润	10.0	8.0
ISO认证	0.0	加：营业外净收益	0.0	0.0
其他	0.0	四、利润总额	10.0	8.0
合计	8.0	减：所得税	3.0	2.0
		五、净利润	7.0	6.0

图 7-34　损益表最终状态

第四步，编制资产负债表。选择"经营分析—报表—资产负债表"，打开"资产负债表"对话框。填写"土地建筑原价"为 40M、"设备净值"为 7M、"股东资本"为 50M，点击"保存"，系统自动计算出资产负债表，如图 7-35 所示。

总部资产负债表

资产	年初数	期末数	负债及所有者权益	年初数	期末数
流动资产：			负债：		
现金	24.0	67.0	短期负债	20.0	20.0
应收账款	14.0	0.0	应付账款	0.0	0.0
原材料	2.0	1.0	应交税金	3.0	2.0
产成品	6.0	6.0	长期负债	20.0	40.0
在制品	6.0	8.0			
流动资产合计	52.0	82.0	负债合计	43.0	62.0
固定资产：			所有者权益：		
土地建筑原价	40.0	40.0	股东资本	50.0	50.0
设备净值	12.0	7.0	以前年度利润	4.0	11.0
在建工程	0.0	0.0	当年净利润	7.0	6.0
固定资产合计	52.0	47.0	所有者权益合计	61.0	67.0
资产总计	104.0	129.0	权益总计	104.0	129.0

图 7-35　资产负债表

四、正常年运营

正常年的运营流程和初始年的运营流程基本一致，但因为初始年的运营主要由教师引导，其中需要自行决策的部分没有讲解，本小节对该部分内容进行补充介绍。

（一）销售订单获取

在每个年度开始运营前，需要学生进行市场投入的决策，教师系统根据各组的营销广告投入、上一年度的产品销售额等信息，自动决定小组选单的优先级，再由各小组分批选单。

在学生界面选择"设置—市场投入"，每个小组填写广告投入，然后点击"确定"，如图 7-36 所示。

当各个小组填写完市场投入，教师选择"订单管理—排名"，点击图 7-37 中所示的"排名"。系统自动根据规则计算出每个小组的排名。教师给出排名结果，并告知本轮可以选单的小组。

图 7-36　填写广告投入

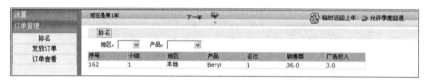

图 7-37　各个小组排名

学生选择"订单管理—获取订单"，点击"开始"，随后显示出可以选择的订单。当点击"确定"后，系统会对已经选择的订单标记"已选择"，如图 7-38 所示。

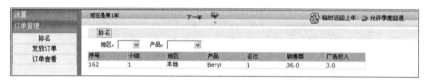

图 7-38　选择订单

每个市场的每个产品每轮只能选择 1 个订单。系统根据该组在本轮中的排名，控制该组选单的数量。当小组超过能够选单的数量范围时，系统会给出提示。

（二）生产线建设

在生产经营过程中，需要进行生产线的建设。在学生界面选择"过程管理—生产线建设"，点击"增加"，可增加生产线，表示将开始建设该生产线，如图 7-39 所示。需要特别说明的是，在"生产线来源"中，"自建"表示该生产线是从供应商处购买设备来建设，建设完成时间按照生产线规则确定；"其他公司转让"表示从其他公司购买生产线，在购买来后马上就可以安排生产。

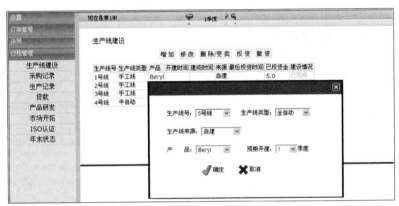

图 7-39　生产线建设

在建设生产线的同时，还需要支付设备的投资费用。因此，需要选中刚增加的生产线，点击"投资"，系统自动记录投资金额与投资时间，并判别建设情况。当所有的投资都完成后，系统会将"建设情况"由"未完成"自动修改为"已完成"，如图 7-40 所示。学生还应转到"经营分析—报表—现金流量表"，在"生产线投资"中填写相应季度的生产线投资费用，如图 7-41 所示。

生产线号	生产线类型	产品	开建时间	建成时间	来源	最后投资时间	已投资金	建设情况
1号线	手工线	Beryl			自建		5.0	已完成
2号线	手工线	Beryl			自建		5.0	已完成
3号线	手工线	Beryl			自建		5.0	已完成
4号线	半自动	Beryl			自建		10.0	已完成
5号线	全自动	Beryl	第1年1季度	第1年4季度	自建	第1年1季度	5.0	未完成

图 7-40　生产线投资

设备改造费	0.0
生产线投资	5.0
加工费用	0.0

图 7-41　生产线投资的费用支付

159

（三）变卖 / 撤销生产线

如果想变卖或者撤销生产线，可在学生界面选择“过程管理—生产线建设”，选中某一个生产线，点击“删除 / 变卖”，如图 7–42 所示。如果该生产线上有在制品，系统会给出如图 7–43 所示的提示。学生需要进入“过程管理—生产记录”中，删除该生产线上的在制品（表示废弃正在生产的产品），然后就可以取消该生产线了。如果该生产线是卖给其他组或是在出售时还有残余价值，可以将其转化成现金，应选择“经营分析—报表”，在“变卖生产线”中填写产生的现金，如图 7–44 所示。

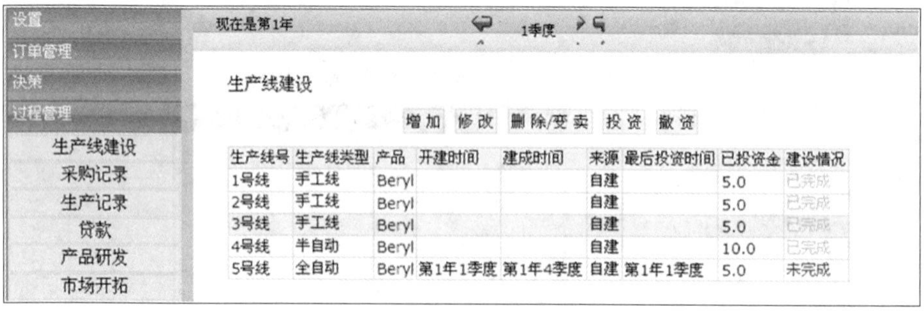

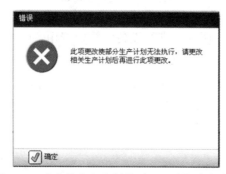

设置
订单管理
决策
过程管理
生产线建设
采购记录
生产记录
贷款
产品研发
市场开拓
现在是第1年
1季度
生产线建设
增加
修改
删除/变卖
投资
撤资
生产线号 生产线类型 产品 开建时间 建成时间 来源 最后投资时间 已投资金 建设情况
1号线 手工线 Beryl 自建 5.0 已完成
2号线 手工线 Beryl 自建 5.0 已完成
3号线 手工线 Beryl 自建 5.0 已完成
4号线 半自动 Beryl 自建 10.0 已完成
5号线 全自动 Beryl 第1年1季度 第1年4季度 自建 第1年1季度 5.0 未完成

图 7–42 取消生产线

错误
此项更改使部分生产计划无法执行，请更改
相关生产计划后再进行此项更改。
确定

图 7–43 生产线上有在制品时，无法取消生产线

应收款到期(+)	0.0		
变卖生产线(+)	5		
变卖原材料/产品(+)	0.0		

图 7–44 生产线建设变卖产生现金收入

（四）改造生产线

如果想改变生产线所生产的产品类型，可以进行如下处理：选择“过程管理—生产线建设”，选中需要改造的生产线，点击“修改”，然后再选择产品类型，并点击“确定”。系统会自动计算出改造完成的时间，如图 7–45 所示。

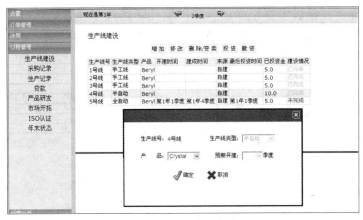

图 7-45　改造生产线

改造生产线应该支付相应的费用，因此，选择"经营分析—报表—现金流量表"，在"设备改造费"中填写相应的资金，如图 7-46 所示。

成品采购支付现金	0.0	0.0
设备改造费	0.0	2.0
生产线投资	5.0	0.0

图 7-46　填写设备改造费

（五）产品研发

在进行产品研发时，需要在系统中记录研发的过程。选择"过程管理—产品研发"，在该界面中点击"增加"，选择产品和开发方式，点击"确定"。当每种产品研发的投资达到所规定的金额时，系统自动将该产品改为"已完成"，如图 7-47 所示。

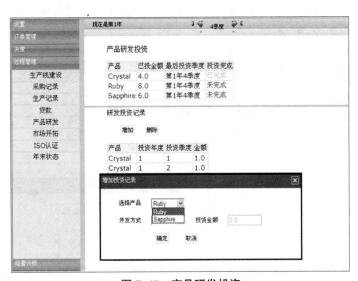

图 7-47　产品研发投资

同时，在现金流量表中要记录所投资的费用。选择"经营分析—报表—现金流量表"，在当季度的"产品研发"一栏中填写支出的研发费用，并点击"保存"，如图7-48所示。

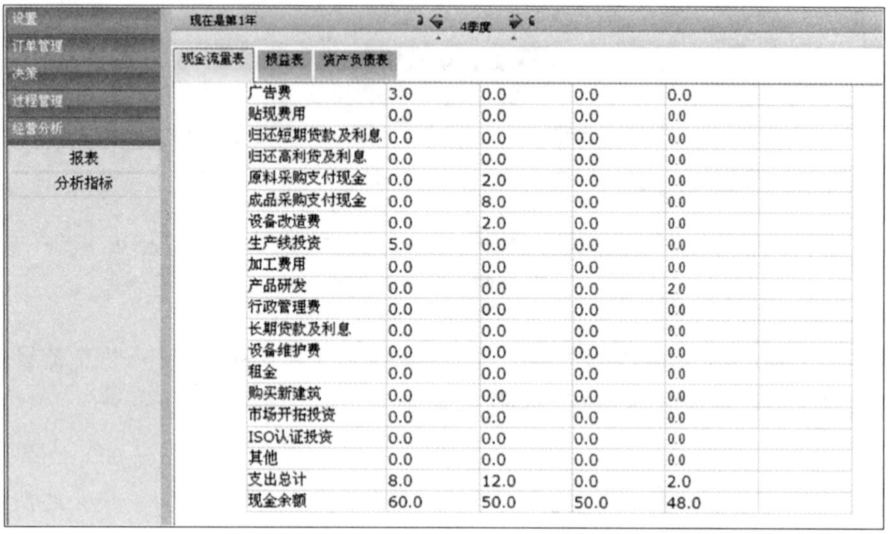

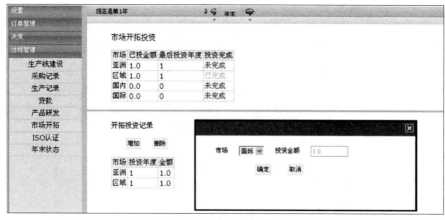

图 7-48　现金流量表——产品研发

（六）市场开拓

在每个年度末进行市场开拓时，需要在系统中记录开拓情况。市场开拓的操作过程如下：选择"过程管理—市场开拓"，在页面中点击"增加"，选择市场，点击"确定"。当某个市场的开拓金额达到规定的标准值时，系统自动将市场开拓改为"已完成"，如图7-49所示。同时，还需要在年末的现金流量表中记录所支出的市场开拓投资费用，并点击"保存"，如图7-50所示。

图 7-49　市场开拓投资

广告费	3.0	0.0	0.0	0.0	0.0
贴现费用	0.0	0.0	0.0	0.0	0.0
归还短期贷款及利息	0.0	0.0	0.0	0.0	0.0
归还高利贷及利息	0.0	0.0	0.0	0.0	0.0
原料采购支付现金	0.0	2.0	0.0	0.0	0.0
成品采购支付现金	0.0	8.0	0.0	0.0	0.0
设备改造费	0.0	2.0	0.0	0.0	0.0
生产线投资	5.0	0.0	0.0	0.0	0.0
加工费用	0.0	0.0	0.0	0.0	0.0
产品研发	0.0	0.0	0.0	2.0	0.0
行政管理费	0.0	0.0	0.0	0.0	0.0
长期贷款及利息	0.0	0.0	0.0	0.0	0.0
设备维护费	0.0	0.0	0.0	0.0	0.0
租金	0.0	0.0	0.0	0.0	0.0
购买新建筑	0.0	0.0	0.0	0.0	0.0
市场开拓投资	0.0	0.0	0.0	0.0	1.0
ISO认证投资	0.0	0.0	0.0	0.0	0.0
其他	0.0	0.0	0.0	0.0	0.0
支出总计	8.0	12.0	0.0	2.0	1.0
现金余额	60.0	50.0	50.0	48.0	47.0

图 7–50　现金流量表——市场开拓投资

（七）ISO 认证

在每个年度末进行 ISO 认证时，需要在系统中记录认证情况。ISO 认证的操作过程如下：选择"过程管理—ISO 认证"，在页面中点击"增加"，选择 ISO，点击"确定"。当 ISO 认证的金额达到规定的标准值时，系统自动将认证改为"已完成"，如图 7–51 所示。同时，还需要在年末的现金流量表中记录所支出的 ISO 认证投资费用，并点击"保存"，如图 7–52 所示。

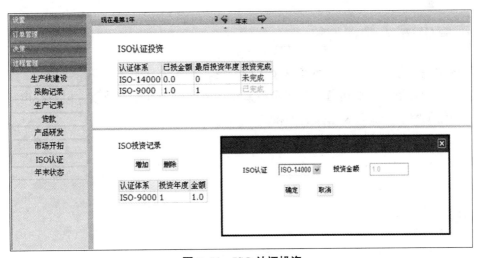

图 7–51　ISO 认证投资

设置	现在是第1年		◢ ⇐	年末 ⇨		
订单管理						
决策	现金流量表	损益表	资产负债表			
过程管理	广告费	3.0	0.0	0.0	0.0	0.0
经营分析	贴现费用	0.0	0.0	0.0	0.0	0.0
	归还短期货款及利息	0.0	0.0	0.0	0.0	0.0
报表	归还高利货及利息	0.0	0.0	0.0	0.0	0.0
分析指标	原料采购支付现金	0.0	2.0	0.0	0.0	0.0
	成品采购支付现金	0.0	8.0	0.0	0.0	0.0
	设备改造费	0.0	2.0	0.0	0.0	0.0
	生产线投资	5.0	0.0	0.0	0.0	0.0
	加工费用	0.0	0.0	0.0	0.0	0.0
	产品研发	0.0	0.0	0.0	2.0	0.0
	行政管理费	0.0	0.0	0.0	0.0	0.0
	长期货款及利息	0.0	0.0	0.0	0.0	0.0
	设备维护费	0.0	0.0	0.0	0.0	0.0
	租金	0.0	0.0	0.0	0.0	0.0
	购买新建筑	0.0	0.0	0.0	0.0	0.0
	市场开拓投资	0.0	0.0	0.0	0.0	1.0
	ISO认证投资	0.0	0.0	0.0	0.0	1.0
	其他	0.0	0.0	0.0	0.0	0.0
	支出总计	8.0	12.0	0.0	2.0	2.0
	现金余额	60.0	50.0	50.0	48.0	46.0

图 7–52　现金流量表——ISO 认证投资

本章小结

　　本章首先对沙盘电子分析系统作了简要介绍，其次以初始年和正常年为例，配合手工沙盘，详细介绍了模拟运营中电子分析系统的使用方法和基本步骤，以及在电子分析系统中如何编写现金流量表、损益表和资产负债表。

复习思考题

　　1. 在模拟运营中使用电子分析系统有什么益处？

　　2. 比较手工编制报表和系统生成报表的差异。

　　3. 在配有电子分析系统的沙盘操作中，应该注意哪些事项？

案例分析

中国北斗，照亮中国自主创新之路

卫星导航系统是一个国家经济的基础，可以为我们提供时间和位置的基准。但无论是美国的 GPS 还是其他的导航系统，都可以随时将信号关闭。

1993 年 7 月 23 日，中国"银河号"货轮行驶到印度洋上，导航系统突然没有信号，船只无法继续航行。后来得知，原来是美国对伊朗禁运，故意停掉了这个海域的 GPS 信号。"银河号"货轮就这样在印度洋上漂流了长达 30 多天，随后我国派出了救援船，也因为 GPS 无信号搜寻不到"银河号"所在的具体位置。1994 年 12 月，中国北斗导航实验卫星系统工程获得国家批准。

1994 年立项之后，北斗人开始行动起来，但工程启动初期就遇到了囊中羞涩的困境。美国从 1973 年开始研发 GPS，到 1994 年已投入了超过 200 亿美元，仅每年维护费就高达 5 亿美元；而 1994 年，中国包括航天在内七大技术领域的"863"计划预算一共才 100 亿元。于是，中国将卫星导航系统建设分"三步走"：第一步是覆盖国内，第二步是覆盖亚太，第三步再覆盖全球。这就是北斗一号、北斗二号、北斗三号的由来。

北斗三号卫星副总设计师郑晋军说过这样一段话：如果我们的技术不是自主可控的，核心的东西是在国外手里，会受制于人，这个系统就没有办法长期维持运营。所以对于像北斗卫星导航系统这种多颗星座需要长期稳定运行的系统来说，它的自主可控的挑战就非常大。我国的北斗卫星导航系统从北斗一号开始就秉承着自力更生、自主创新的核心价值。只有将关键技术都掌握在自己手里，才能建造属于中国人自己的导航系统。

在北斗系统研发的过程中，北斗人迎难而上，突破了国外的技术封锁，攻克了卫星整体导航技术、高精度星载原子钟等多项关键技术。2000 年，中国北斗一号卫星发射成功，标志着我国正式迈入自主研发卫星导航系统的新征程；2007 年，搭载着由中国自主研发的原子钟的北斗二号卫星成功升天，实现了对亚太地区的定位；2020 年 6 月 23 日，最后一颗北斗卫星的升空，标志着这项耗时近 30 年，耗费 100 多亿元资金，参与人数达 30 多万，历经三代人的北斗卫星全球导航定位系统终于建成。有了这组"北斗星"，我们无论身在何处都不会迷路！

（资料来源：https://export.shobserver.com/baijiahao/html/298962.html ；http://m.stdaily.com/zhuanti/gfxzccp/2020–06/15/content_956672.shtml。）

思考：（1）我国为什么要自主研发北斗系统？你有什么感悟？（2）北斗人在研发过程中体现了什么精神？对于我们今后学习和就业有什么启示？

实训操作手册

专　　业：＿＿＿＿＿＿＿＿＿＿＿＿＿＿＿＿＿＿

学　　号：＿＿＿＿＿＿＿＿＿＿＿＿＿＿＿＿＿＿

姓　　名：＿＿＿＿＿＿＿＿＿＿＿＿＿＿＿＿＿＿

担任角色：＿＿＿＿＿＿＿＿＿＿＿＿＿＿＿＿＿＿

团队名称：＿＿＿＿＿＿＿＿＿＿＿＿＿＿＿＿＿＿

指导教师：＿＿＿＿＿＿＿＿＿＿＿＿＿＿＿＿＿＿

实训日期：＿＿＿＿＿＿＿＿＿＿＿＿＿＿＿＿＿＿

附录 1　企业运营过程记录表及财务报表

起始年

企业运营过程记录　　　　　　　　　记录人：所有成员

★每执行完一项操作，CEO 请在相应的方格内打钩；其他主管在方格中填写相应数据；CFO 在方格中填写现金收支，该表格可作现金流量记录用
★请按顺序执行下列各项任务

每年初	第一季度	第二季度	第三季度	第四季度
（1）支付应付税（根据上年度结果）				
（2）支付广告费				
（3）登记销售订单				
每个季度（季度初现金盘点）				
（1）申请短期贷款、更新短期贷款、还本付息				
（2）更新应付账款、归还应付账款				
（3）更新原材料订单、原材料入库				
（4）下原材料订单				
（5）更新生产、完工产品入库				
（6）投资新生产线、生产线改造、变卖生产线				
（7）开始下一批生产				
（8）产品研发投资				
（9）更新应收账款、应收账款收现				
（10）按订单交货				
（11）支付行政管理费				
每年末				
（1）申请长期贷款、更新长期贷款、支付利息				
（2）支付设备维护费				
（3）支付租金、购买厂房				
（4）折旧				
（5）市场开拓投资、ISO 认证投资				
（6）编制报表（关账）				
其他项目现金收（支）				
现金收入合计				
现金支出合计				
期末现金对账（盘点）				

销售订单登记　　　　　　　　　　　　记录人：CMO

项目	1	2	3	4	5	6	7	8	9	10	合计
市场											
产品名称											
账期											
交货期											
单价											
订单数量											
订单销售额											
成本											
毛利											

商品核算统计　　　　　　　　　　　　记录人：CMO

	Beryl	Crystal	Ruby	Sapphire	合计
数量					
销售额					
成本					
毛利					

组间交易明细表　　　　　　　　　　　记录人：CMO

项目编号	季度	买／卖	产品	数量	金额	备注

综合费用明细表　　　　　　　　　　　记录人：CFO

项目	金额	备注
行政管理费		
广告费		
设备维护费		
设备改造费		
租金		
产品研发		Crystal（　　）Ruby（　　）Sapphire（　　）
市场开拓		□区域　□国内　□亚洲　□国际
ISO 认证		□ ISO 9000　　□ ISO 14000
其他		
合计		

利润表 记录人：CFO

项目	上一年	本年
一、销售收入	40	
减：成本	17	
二、毛利	23	
减：综合费用	8	
折旧	4	
财务净损益	1	
三、营业利润	10	
加：营业外净收益	0	
四、利润总额	10	
减：所得税	3	
五、净利润	7	

资产负债表 记录人：CFO 单位：百万元

资产	年初数	期末数	负债及所有者权益	年初数	期末数
流动资产：			负债：		
现金	24		短期负债	20	
应收账款	14		应付账款	0	
原材料	2		应交税金	3	
产成品	6		长期负债	10	
在制品	6				
流动资产合计	52		负债合计	33	
固定资产：			所有者权益：		
土地建筑原价	40		股东资本	60	
机器设备净值	12		以前年度利润	4	
在建工程	0		当年净利润	7	
固定资产合计	52		所有者权益合计	71	
资产总计	104		负债及所有者权益总计	104	

第1年

企业运营过程记录　　　　　　　　　　　　　　　　记录人：所有成员

★每执行完一项操作，CEO请在相应的方格内打钩；其他主管在方格中填写相应数据；CFO在方格中填写现金收支，该表格可作现金流量记录用

★请按顺序执行下列各项任务

每年初	第一季度	第二季度	第三季度	第四季度
（1）支付应付税（根据上年度结果）				
（2）支付广告费				
（3）登记销售订单				
每个季度（季度初现金盘点）				
（1）申请短期贷款、更新短期贷款、还本付息				
（2）更新应付账款、归还应付账款				
（3）更新原材料订单、原材料入库				
（4）下原材料订单				
（5）更新生产、完工产品入库				
（6）投资新生产线、生产线改造、变卖生产线				
（7）开始下一批生产				
（8）产品研发投资				
（9）更新应收账款、应收账款收现				
（10）按订单交货				
（11）支付行政管理费				
每年末				
（1）申请长期贷款、更新长期贷款、支付利息				
（2）支付设备维护费				
（3）支付租金、购买厂房				
（4）折旧				
（5）市场开拓投资、ISO认证投资				
（6）编制报表（关账）				
其他项目现金收（支）				
现金收入合计				
现金支出合计				
期末现金对账（盘点）				
期末材料（盘点）				
期末产成品（盘点）				
期末在产品（盘点）				

现金预算表　　　　　　　　　　　　　记录人：CFO

项目	第一季度	第二季度	第三季度	第四季度
期初现金（＋）				
变卖生产线（＋）				
变卖原材料（＋）				
变卖厂房（＋）				
应收账款到期（＋）				
支付上年应交税				
广告费投入				
贴现费用				
利息（短期贷款）				
支付到期短期贷款				
原材料采购支付现金				
转产费				
生产线投资				
生产费用				
产品研发投资				
支付行政管理费				
利息（长期贷款）				
支付到期长期贷款				
维修费用				
租金				
购买新建筑				
市场开拓投资				
ISO 认证投资				
其他				
现金余额				
需要新贷款				

年度经营计划　　　　　　　　　　　　记录人：CEO

内容	年初	第一季度	第二季度	第三季度	第四季度	年末
营销						
采购						
生产						
财务						
研发						

销售订单登记　　　　记录人：CMO

项目	1	2	3	4	5	6	7	8	9	10	合计
市场											
产品名称											
账期											
交货期											
单价											
订单数量											
订单销售额											
成本											
毛利											

商品核算统计　　　　记录人：CMO

	Beryl	Crystal	Ruby	Sapphire	合计
数量					
销售额					
成本					
毛利					

组间交易明细表　　　　记录人：CMO

项目编号	季度	买 / 卖	产品	数量	金额	备注

综合费用明细表　　　　记录人：CFO

项目	金额	备注
行政管理费		
广告费		
设备维护费		
设备改造费		
租金		
产品研发		Crystal（　　） Ruby（　　） Sapphire（　　）
市场开拓		□区域　□国内　□亚洲　□国际
ISO 认证		□ ISO 9000　　□ ISO 14000
其他		
合计		

利润表 记录人：CFO

项目	上一年	本年
一、销售收入		
减：成本		
二、毛利		
减：综合费用		
折旧		
财务净损益		
三、营业利润		
加：营业外净收益		
四、利润总额		
减：所得税		
五、净利润		

资产负债表 记录人：CFO 单位：百万元

资产	年初数	期末数	负债及所有者权益	年初数	期末数
流动资产：			负债：		
现金			短期负债		
应收账款			应付账款		
原材料			应交税金		
产成品			长期负债		
在制品					
流动资产合计			负债合计		
固定资产：			所有者权益：		
土地建筑原价			股东资本		
机器设备净值			以前年度利润		
在建工程			当年净利润		
固定资产合计			所有者权益合计		
资产总计			负债及所有者权益总计		

第 2 年

★每执行完一项操作，CEO 请在相应的方格内打钩；其他主管在方格中填写相应数据；CFO 在方格中填写现金收支，该表格可作现金流量记录用

★请按顺序执行下列各项任务

每年初	第一季度	第二季度	第三季度	第四季度
（1）支付应付税（根据上年度结果）				
（2）支付广告费				
（3）登记销售订单				
每个季度（季度初现金盘点）				
（1）申请短期贷款、更新短期贷款、还本付息				
（2）更新应付账款、归还应付账款				
（3）更新原材料订单、原材料入库				
（4）下原材料订单				
（5）更新生产、完工产品入库				
（6）投资新生产线、生产线改造、变卖生产线				
（7）开始下一批生产				
（8）产品研发投资				
（9）更新应收账款、应收账款收现				
（10）按订单交货				
（11）支付行政管理费				
每年末				
（1）申请长期贷款、更新长期贷款、支付利息				
（2）支付设备维护费				
（3）支付租金、购买厂房				
（4）折旧				
（5）市场开拓投资、ISO 认证投资				
（6）编制报表（关账）				
其他项目现金收（支）				
现金收入合计				
现金支出合计				
期末现金对账（盘点）				
期末材料（盘点）				
期末产成品（盘点）				
期末在产品（盘点）				

现金预算表　　　　　　　　　　　　记录人：CFO

项目	第一季度	第二季度	第三季度	第四季度
期初现金（+）				
变卖生产线（+）				
变卖原材料（+）				
变卖厂房（+）				
应收账款到期（+）				
支付上年应交税				
广告费投入				
贴现费用				
利息（短期贷款）				
支付到期短期贷款				
原材料采购支付现金				
转产费				
生产线投资				
生产费用				
产品研发投资				
支付行政管理费				
利息（长期贷款）				
支付到期长期贷款				
维修费用				
租金				
购买新建筑				
市场开拓投资				
ISO 认证投资				
其他				
现金余额				
需要新贷款				

年度经营计划　　　　　　　　　　　　记录人：CEO

内容	年初	第一季度	第二季度	第三季度	第四季度	年末
营销						
采购						
生产						
财务						
研发						

销售订单登记　　　　　记录人：CMO

项目	1	2	3	4	5	6	7	8	9	10	合计
市场											
产品名称											
账期											
交货期											
单价											
订单数量											
订单销售额											
成本											
毛利											

商品核算统计　　　　　记录人：CMO

	Beryl	Crystal	Ruby	Sapphire	合计
数量					
销售额					
成本					
毛利					

组间交易明细表　　　　　记录人：CMO

项目编号	季度	买 / 卖	产品	数量	金额	备注

综合费用明细表　　　　　记录人：CFO

项目	金额	备注
行政管理费		
广告费		
设备维护费		
设备改造费		
租金		
产品研发		Crystal（　　　）Ruby（　　　）Sapphire（　　　）
市场开拓		□区域　□国内　□亚洲　□国际
ISO 认证		□ ISO 9000　　□ ISO 14000
其他		
合计		

利润表

记录人：CFO

项目	上一年	本年
一、销售收入		
减：成本		
二、毛利		
减：综合费用		
折旧		
财务净损益		
三、营业利润		
加：营业外净收益		
四、利润总额		
减：所得税		
五、净利润		

资产负债表

记录人：CFO　　单位：百万元

资产	年初数	期末数	负债及所有者权益	年初数	期末数
流动资产：			负债：		
现金			短期负债		
应收账款			应付账款		
原材料			应交税金		
产成品			长期负债		
在制品					
流动资产合计			负债合计		
固定资产：			所有者权益：		
土地建筑原价			股东资本		
机器设备净值			以前年度利润		
在建工程			当年净利润		
固定资产合计			所有者权益合计		
资产总计			负债及所有者权益总计		

第 3 年

企业运营过程记录 记录人：所有成员

★每执行完一项操作，CEO 请在相应的方格内打钩；其他主管在方格中填写相应数据；CFO 在方格中填写现金收支，该表格可作现金流量记录用

★请按顺序执行下列各项任务

每年初	第一季度	第二季度	第三季度	第四季度
（1）支付应付税（根据上年度结果）				
（2）支付广告费				
（3）登记销售订单				
每个季度（季度初现金盘点）				
（1）申请短期贷款、更新短期贷款、还本付息				
（2）更新应付账款、归还应付账款				
（3）更新原材料订单、原材料入库				
（4）下原材料订单				
（5）更新生产、完工产品入库				
（6）投资新生产线、生产线改造、变卖生产线				
（7）开始下一批生产				
（8）产品研发投资				
（9）更新应收账款、应收账款收现				
（10）按订单交货				
（11）支付行政管理费				
每年末				
（1）申请长期贷款、更新长期贷款、支付利息				
（2）支付设备维护费				
（3）支付租金、购买厂房				
（4）折旧				
（5）市场开拓投资、ISO 认证投资				
（6）编制报表（关账）				
其他项目现金收（支）				
现金收入合计				
现金支出合计				
期末现金对账（盘点）				
期末材料（盘点）				
期末产成品（盘点）				
期末在产品（盘点）				

现金预算表 记录人：CFO

项目	第一季度	第二季度	第三季度	第四季度
期初现金（+）				
变卖生产线（+）				
变卖原材料（+）				
变卖厂房（+）				
应收账款到期（+）				
支付上年应交税				
广告费投入				
贴现费用				
利息（短期贷款）				
支付到期短期贷款				
原材料采购支付现金				
转产费				
生产线投资				
生产费用				
产品研发投资				
支付行政管理费				
利息（长期贷款）				
支付到期长期贷款				
维修费用				
租金				
购买新建筑				
市场开拓投资				
ISO 认证投资				
其他				
现金余额				
需要新贷款				

年度经营计划 记录人：CEO

内容	年初	第一季度	第二季度	第三季度	第四季度	年末
营销						
采购						
生产						
财务						
研发						

销售订单登记　　　　　　　　　　　记录人：CMO

项目	1	2	3	4	5	6	7	8	9	10	合计
市场											
产品名称											
账期											
交货期											
单价											
订单数量											
订单销售额											
成本											
毛利											

商品核算统计　　　　　　　　　　　记录人：CMO

	Beryl	Crystal	Ruby	Sapphire	合计
数量					
销售额					
成本					
毛利					

组间交易明细表　　　　　　　　　　记录人：CMO

项目编号	季度	买 / 卖	产品	数量	金额	备注

综合费用明细表　　　　　　　　　　记录人：CFO

项目	金额	备注
行政管理费		
广告费		
设备维护费		
设备改造费		
租金		
产品研发		Crystal（　　）Ruby（　　）Sapphire（　　）
市场开拓		□区域　□国内　□亚洲　□国际
ISO 认证		□ ISO 9000　　□ ISO 14000
其他		
合计		

利润表

项目	上一年	本年
一、销售收入		
减：成本		
二、毛利		
减：综合费用		
折旧		
财务净损益		
三、营业利润		
加：营业外净收益		
四、利润总额		
减：所得税		
五、净利润		

资产负债表

记录人：CFO　　单位：百万元

资产	年初数	期末数	负债及所有者权益	年初数	期末数
流动资产：			负债：		
现金			短期负债		
应收账款			应付账款		
原材料			应交税金		
产成品			长期负债		
在制品					
流动资产合计			负债合计		
固定资产：			所有者权益：		
土地建筑原价			股东资本		
机器设备净值			以前年度利润		
在建工程			当年净利润		
固定资产合计			所有者权益合计		
资产总计			负债及所有者权益总计		

第 4 年

企业运营过程记录　　　　　　　　　　　　　　记录人：所有成员

★每执行完一项操作，CEO 请在相应的方格内打钩；其他主管在方格中填写相应数据；CFO 在方格中填写现金收支，该表格可作现金流量记录用

★请按顺序执行下列各项任务

每年初	第一季度	第二季度	第三季度	第四季度
（1）支付应付税（根据上年度结果）				
（2）支付广告费				
（3）登记销售订单				
每个季度（季度初现金盘点）				
（1）申请短期贷款、更新短期贷款、还本付息				
（2）更新应付账款、归还应付账款				
（3）更新原材料订单、原材料入库				
（4）下原材料订单				
（5）更新生产、完工产品入库				
（6）投资新生产线、生产线改造、变卖生产线				
（7）开始下一批生产				
（8）产品研发投资				
（9）更新应收账款、应收账款收现				
（10）按订单交货				
（11）支付行政管理费				
每年末				
（1）申请长期贷款、更新长期贷款、支付利息				
（2）支付设备维护费				
（3）支付租金、购买厂房				
（4）折旧				
（5）市场开拓投资、ISO 认证投资				
（6）编制报表（关账）				
其他项目现金收（支）				
现金收入合计				
现金支出合计				
期末现金对账（盘点）				
期末材料（盘点）				
期末产成品（盘点）				
期末在产品（盘点）				

现金预算表　　　　　　　　　　　　　　　　　　　记录人：CFO

项目	第一季度	第二季度	第三季度	第四季度
期初现金（+）				
变卖生产线（+）				
变卖原材料（+）				
变卖厂房（+）				
应收账款到期（+）				
支付上年应交税				
广告费投入				
贴现费用				
利息（短期贷款）				
支付到期短期贷款				
原材料采购支付现金				
转产费				
生产线投资				
生产费用				
产品研发投资				
支付行政管理费				
利息（长期贷款）				
支付到期长期贷款				
维修费用				
租金				
购买新建筑				
市场开拓投资				
ISO 认证投资				
其他				
现金余额				
需要新贷款				

年度经营计划　　　　　　　　　　　　　　　　　　　记录人：CEO

内容	年初	第一季度	第二季度	第三季度	第四季度	年末
营销						
采购						
生产						
财务						
研发						

销售订单登记　　　　　　　　　　　　记录人：CMO

项目	1	2	3	4	5	6	7	8	9	10	合计
市场											
产品名称											
账期											
交货期											
单价											
订单数量											
订单销售额											
成本											
毛利											

商品核算统计　　　　　　　　　　　　记录人：CMO

	Beryl	Crystal	Ruby	Sapphire	合计
数量					
销售额					
成本					
毛利					

组间交易明细表　　　　　　　　　　　　记录人：CMO

项目编号	季度	买/卖	产品	数量	金额	备注

综合费用明细表　　　　　　　　　　　　记录人：CFO

项目	金额	备注
行政管理费		
广告费		
设备维护费		
设备改造费		
租金		
产品研发		Crystal（　　）Ruby（　　）Sapphire（　　）
市场开拓		□区域　□国内　□亚洲　□国际
ISO 认证		□ ISO 9000　　□ ISO 14000
其他		
合计		

利润表 记录人：CFO

项目	上一年	本年
一、销售收入		
减：成本		
二、毛利		
减：综合费用		
折旧		
财务净损益		
三、营业利润		
加：营业外净收益		
四、利润总额		
减：所得税		
五、净利润		

资产负债表 记录人：CFO 单位：百万元

资产	年初数	期末数	负债及所有者权益	年初数	期末数
流动资产：			负债：		
现金			短期负债		
应收账款			应付账款		
原材料			应交税金		
产成品			长期负债		
在制品					
流动资产合计			负债合计		
固定资产：			所有者权益：		
土地建筑原价			股东资本		
机器设备净值			以前年度利润		
在建工程			当年净利润		
固定资产合计			所有者权益合计		
资产总计			负债及所有者权益总计		

第 5 年

企业运营过程记录　　　　　　　　　　　　　　记录人：所有成员

★每执行完一项操作，CEO 请在相应的方格内打钩；其他主管在方格中填写相应数据；CFO 在方格中填写现金收支，该表格可作现金流量记录用
★请按顺序执行下列各项任务

每年初	第一季度	第二季度	第三季度	第四季度
（1）支付应付税（根据上年度结果）				
（2）支付广告费				
（3）登记销售订单				
每个季度（季度初现金盘点）				
（1）申请短期贷款、更新短期贷款、还本付息				
（2）更新应付账款、归还应付账款				
（3）更新原材料订单、原材料入库				
（4）下原材料订单				
（5）更新生产、完工产品入库				
（6）投资新生产线、生产线改造、变卖生产线				
（7）开始下一批生产				
（8）产品研发投资				
（9）更新应收账款、应收账款收现				
（10）按订单交货				
（11）支付行政管理费				
每年末				
（1）申请长期贷款、更新长期贷款、支付利息				
（2）支付设备维护费				
（3）支付租金、购买厂房				
（4）折旧				
（5）市场开拓投资、ISO 认证投资				
（6）编制报表（关账）				
其他项目现金收（支）				
现金收入合计				
现金支出合计				
期末现金对账（盘点）				
期末材料（盘点）				
期末产成品（盘点）				
期末在产品（盘点）				

现金预算表

记录人：CFO

项目	第一季度	第二季度	第三季度	第四季度
期初现金（+）				
变卖生产线（+）				
变卖原材料（+）				
变卖厂房（+）				
应收账款到期（+）				
支付上年应交税				
广告费投入				
贴现费用				
利息（短期贷款）				
支付到期短期贷款				
原材料采购支付现金				
转产费				
生产线投资				
生产费用				
产品研发投资				
支付行政管理费				
利息（长期贷款）				
支付到期长期贷款				
维修费用				
租金				
购买新建筑				
市场开拓投资				
ISO 认证投资				
其他				
现金余额				
需要新贷款				

年度经营计划

记录人：CEO

内容	年初	第一季度	第二季度	第三季度	第四季度	年末
营销						
采购						
生产						
财务						
研发						

销售订单登记　　　　　　　　　　　　　　记录人：CMO

项目	1	2	3	4	5	6	7	8	9	10	合计
市场											
产品名称											
账期											
交货期											
单价											
订单数量											
订单销售额											
成本											
毛利											

商品核算统计　　　　　　　　　　　　　　记录人：CMO

	Beryl	Crystal	Ruby	Sapphire	合计
数量					
销售额					
成本					
毛利					

组间交易明细表　　　　　　　　　　　　　记录人：CMO

项目编号	季度	买 / 卖	产品	数量	金额	备注

综合费用明细表　　　　　　　　　　　　　记录人：CFO

项目	金额	备注
行政管理费		
广告费		
设备维护费		
设备改造费		
租金		
产品研发		Crystal（　　）Ruby（　　　）Sapphire（　　　）
市场开拓		□区域　□国内　□亚洲　□国际
ISO 认证		□ ISO 9000　　□ ISO 14000
其他		
合计		

利润表　　　　　　　　　　　　　　记录人：CFO

项目	上一年	本年
一、销售收入		
减：成本		
二、毛利		
减：综合费用		
折旧		
财务净损益		
三、营业利润		
加：营业外净收益		
四、利润总额		
减：所得税		
五、净利润		

资产负债表　　　　　　　　记录人：CFO　　　单位：百万元

资产	年初数	期末数	负债及所有者权益	年初数	期末数
流动资产：			负债：		
现金			短期负债		
应收账款			应付账款		
原材料			应交税金		
产成品			长期负债		
在制品					
流动资产合计			负债合计		
固定资产：			所有者权益：		
土地建筑原价			股东资本		
机器设备净值			以前年度利润		
在建工程			当年净利润		
固定资产合计			所有者权益合计		
资产总计			负债及所有者权益总计		

第6年

企业运营过程记录　　　　　　　　　　　　　　　　　　　记录人：所有成员

★每执行完一项操作，CEO请在相应的方格内打钩；其他主管在方格中填写相应数据；CFO在方格中填写现金收支，该表格可作现金流量记录用

★请按顺序执行下列各项任务

每年初	第一季度	第二季度	第三季度	第四季度
（1）支付应付税（根据上年度结果）				
（2）支付广告费				
（3）登记销售订单				
每个季度（季度初现金盘点）				
（1）申请短期贷款、更新短期贷款、还本付息				
（2）更新应付账款、归还应付账款				
（3）更新原材料订单、原材料入库				
（4）下原材料订单				
（5）更新生产、完工产品入库				
（6）投资新生产线、生产线改造、变卖生产线				
（7）开始下一批生产				
（8）产品研发投资				
（9）更新应收账款、应收账款收现				
（10）按订单交货				
（11）支付行政管理费				
每年末				
（1）申请长期贷款、更新长期贷款、支付利息				
（2）支付设备维护费				
（3）支付租金、购买厂房				
（4）折旧				
（5）市场开拓投资、ISO认证投资				
（6）编制报表（关账）				
其他项目现金收（支）				
现金收入合计				
现金支出合计				
期末现金对账（盘点）				
期末材料（盘点）				
期末产成品（盘点）				
期末在产品（盘点）				

现金预算表　　　　　　　　　　　　　　记录人：CFO

项目	第一季度	第二季度	第三季度	第四季度
期初现金（+）				
变卖生产线（+）				
变卖原材料（+）				
变卖厂房（+）				
应收账款到期（+）				
支付上年应交税				
广告费投入				
贴现费用				
利息（短期贷款）				
支付到期短期贷款				
原材料采购支付现金				
转产费				
生产线投资				
生产费用				
产品研发投资				
支付行政管理费				
利息（长期贷款）				
支付到期长期贷款				
维修费用				
租金				
购买新建筑				
市场开拓投资				
ISO 认证投资				
其他				
现金余额				
需要新贷款				

年度经营计划　　　　　　　　　　　　　　记录人：CEO

内容	年初	第一季度	第二季度	第三季度	第四季度	年末
营销						
采购						
生产						
财务						
研发						

销售订单登记 记录人：CMO

项目	1	2	3	4	5	6	7	8	9	10	合计
市场											
产品名称											
账期											
交货期											
单价											
订单数量											
订单销售额											
成本											
毛利											

商品核算统计 记录人：CMO

	Beryl	Crystal	Ruby	Sapphire	合计
数量					
销售额					
成本					
毛利					

组间交易明细表 记录人：CMO

项目编号	季度	买/卖	产品	数量	金额	备注

综合费用明细表 记录人：CFO

项目	金额	备注
行政管理费		
广告费		
设备维护费		
设备改造费		
租金		
产品研发		Crystal（ ） Ruby（ ） Sapphire（ ）
市场开拓		□区域 □国内 □亚洲 □国际
ISO 认证		□ ISO 9000 □ ISO 14000
其他		
合计		

利润表   记录人：CFO

项目	上一年	本年
一、销售收入		
减：成本		
二、毛利		
减：综合费用		
折旧		
财务净损益		
三、营业利润		
加：营业外净收益		
四、利润总额		
减：所得税		
五、净利润		

资产负债表   记录人：CFO   单位：百万元

资产	年初数	期末数	负债及所有者权益	年初数	期末数
流动资产：			负债：		
现金			短期负债		
应收账款			应付账款		
原材料			应交税金		
产成品			长期负债		
在制品					
流动资产合计			负债合计		
固定资产：			所有者权益：		
土地建筑原价			股东资本		
机器设备净值			以前年度利润		
在建工程			当年净利润		
固定资产合计			所有者权益合计		
资产总计			负债及所有者权益总计		

附录 2　竞标投入单

年度	市场类别	B	C	R	S
第1年	本地				
	区域				
	国内				
	亚洲				
	国际				

年度	市场类别	B	C	R	S
第2年	本地				
	区域				
	国内				
	亚洲				
	国际				

年度	市场类别	B	C	R	S
第3年	本地				
	区域				
	国内				
	亚洲				
	国际				

年度	市场类别	B	C	R	S
第4年	本地				
	区域				
	国内				
	亚洲				
	国际				

年度	市场类别	B	C	R	S
第5年	本地				
	区域				
	国内				
	亚洲				
	国际				

年度	市场类别	B	C	R	S
第6年	本地				
	区域				
	国内				
	亚洲				
	国际				

注：①市场信息参考第二章第一节内容；②深色部分为当前不可用市场。

附录 3　公司贷款申请表

贷款类型		第 1 年				第 2 年				第 3 年				第 4 年				第 5 年				第 6 年			
		1Q	2Q	3Q	4Q	1Q	2Q	3Q	4Q	1Q	2Q	3Q	4Q	1Q	2Q	3Q	4Q	1Q	2Q	3Q	4Q	1Q	2Q	3Q	4Q
短期贷款	借																								
	还																								
高利贷	借																								
	还																								
短期贷款余额																									
监督员签字																									
长期贷款	借																								
	还																								
长期贷款余额																									
上年权益																									
监督员签字																									

附录4　生产计划及采购计划单

记录人：CPO、COO

生产线		第1年				第2年				第3年			
		1Q	2Q	3Q	4Q	1Q	2Q	3Q	4Q	1Q	2Q	3Q	4Q
1	产品												
	物料												
2	产品												
	物料												
3	产品												
	物料												
4	产品												
	物料												
5	产品												
	物料												
6	产品												
	物料												
7	产品												
	物料												
8	产品												
	物料												
产能合计	产品												
物料需求	物料												
采购订单	M1												
	M2												
	M3												
	M4												

生产线		第 4 年				第 5 年				第 6 年			
		1Q	2Q	3Q	4Q	1Q	2Q	3Q	4Q	1Q	2Q	3Q	4Q
1	产品												
	物料												
2	产品												
	物料												
3	产品												
	物料												
4	产品												
	物料												
5	产品												
	物料												
6	产品												
	物料												
7	产品												
	物料												
8	产品												
	物料												
产能合计	产品												
物料需求	物料												
采购订单	M1												
	M2												
	M3												
	M4												

注：编制方法参考第五章第三节内容。

附录 5　实训报告样本

《**ERP** 沙盘模拟实训》报告

专　　业：＿＿＿＿＿＿＿＿＿＿＿＿＿＿＿

学　　号：＿＿＿＿＿＿＿＿＿＿＿＿＿＿＿

姓　　名：＿＿＿＿＿＿＿＿＿＿＿＿＿＿＿

担任角色：＿＿＿＿＿＿＿＿＿＿＿＿＿＿＿

团队名称：＿＿＿＿＿＿＿＿＿＿＿＿＿＿＿

指导教师：＿＿＿＿＿＿＿＿＿＿＿＿＿＿＿

实训日期：＿＿＿＿＿＿＿＿＿＿＿＿＿＿＿

1. 实训目的

2. 实训分析

2.1　企业经营管理分析（包括企业战略、生产管理、市场营销、财务管理等内容及分析）：

2.2　企业经营成败及原因：

2.3　所担任角色的得与失：

2.4　企业下一步发展的意见及建议：

3. 实验总结（该课程的收获、意见、建议等）

4. 指导教师评分

［1］夏远强，叶剑明 . 企业管理 ERP 沙盘模拟教程［M］. 北京：电子工业出版社，2007.

［2］苗雨君 . ERP 沙盘模拟实践教程［M］. 哈尔滨：哈尔滨工程大学出版社，2009.

［3］滕佳东 . ERP 沙盘模拟实训教程［M］. 大连：东北财经大学出版社，2009.

［4］陈继祥 . 战略管理［M］. 上海：上海人民出版社，格致出版社，2008.

［5］金鑫 . 高效管理的 N 种工具［M］. 北京：中国纺织出版社，2007.

［6］马凤才 . 运营管理［M］. 北京：机械工业出版社，2007.

［7］陈冰 . ERP 沙盘实战［M］. 北京：经济科学出版社，2008.

［8］王新玲，等 . ERP 沙盘模拟学习指导书［M］. 北京：电子工业出版社，2005.

［9］刘平 . 用友 ERP 企业经营沙盘模拟实训手册［M］. 大连：东北财经大学出版社，2009.

［10］高市，等 . ERP 沙盘高级实训教程［M］. 北京：中国铁道出版社，经济科学出版社，2008.

［11］刘勇 . 把市场建在实验室，把公司交给学生［J］. 实验室研究与探索，2010（3）.

［12］刘勇 . 基于 ERP 的仿真实验探讨［J］. 成都理工大学学报（社会科学版），2007（4）.

［13］刘勇 . 用知识管理构建 ERP 仿真实验室［J］. 中国管理信息化，2008（1）.

［14］刘勇 . ERP 沙盘模拟实训教程［M］. 北京：经济管理出版社，2011.

［15］傅仕伟，邹燕，等 . 企业模拟经营实战演练教程［M］. 成都：西南财经大学出版社，2009.

［16］汪清明 . ERP 原理与应用［M］. 北京：高等教育出版社，2010.

［17］张瑞君 . 计算机财务管理——财务建模方法与技术［M］. 北京：中国人民大学出版社，2010.